소통과 설득을 위한
프레젠테이션

소통과 설득을 위한

프레젠테이션

김경민/김정호/장만호/한양하

경상국립대학교출판부

머리말

소통의 시대다. 소통의 중요성이 강조된 것은 이미 오래전이다. 그러나 코로나로 인한 비대면의 시간이 길어지면서 상대와 얼굴을 마주하며 소통하는 기회는 줄어들었고, 그럴수록 소통은 어렵고 부담스러운 것이 되었다. 단순한 메시지 전달이 아니라 같은 시공간을 공유하며 말하는 사람과 듣는 사람의 목소리와 표정, 몸짓 등이 어우러진 형태의 메시지를 주고받는 방식의 소통을 할 기회가 점차 줄어들면서 소통 그 자체에 대한 두려움과 불안이 더 커진 것이다. 그러나 아이러니하게도 이런 시대일수록 사람과 사람 사이를 연결해주는 의사소통의 중요성이 더 강조되는 것 또한 사실이다.

의사소통의 중요성은 일상생활에서뿐 아니라 기업이나 학교와 같은 공적 영역에서도 그 비중이 점차 확대되는 추세다. 글쓰기를 기반으로 하는 의사소통을 주로 했던 과거와 달리 최근에는 프레젠테이션이나 토론, 토의와 같이 음성언어를 통한 의사소통이 더욱 선호되는 경향이다. 특히 이 책에서 주로 다루고 있는 프레젠테이션은 강의와 학술대회, 심포지엄과 같이 대학 생활에서 접할 수 있는 여러 상황뿐 아니라 제안서·기획안 발표나 면접 등 학교 바깥의 사회에서도 일반적으로 가장 많이 이용되는 의사소통 방법이다. 글을 매개로 한 의사소통은 상대적으로 전달되는 메시지만 부각되는 데 반해, 음성언어를 매개로 하는 프레젠테이션은 글쓰기 과정보다 더 다양한 능력을 필요로 하는 만큼 의사소통 역량을 강화하는 데 있어서는 보다 적합한 방법이라 할 수 있다.

좋은 프레젠테이션을 하기 위해서는 정보를 수집하고 처리하는 자료 해석 능력과 그러한 자료를 바탕으로 자신의 생각과 감정을 효과적으로 드러내는 자기표현 능력을 비롯해 다양한 언어적·비언어적 요소를 활용해 메시지를 효과적으로 구현하는 메시지 전환 능력이 필요하다. 여기에 의사소통 과정에서 요구되는 다양한 사회적 역할을 적절하게 수행할 수 있는 역할 수행 능력과 청중을 배려하고 공감하는 상호작용 능력 등 글쓰기 과정에서는 경험할 수 없는 새로운 능력이 함께 어우러져야 한다. 이런 의미에서 프레젠테이션은 글쓰기를 기반으로 이루어지지만, 한 걸음 더 나아가 보다 다양한 능력과 자질을 함양할 수 있는 것이 특징이다.

이 책은 대학 수업을 듣는 동안, 더 나아가 졸업 후 사회의 다양한 분야로 진출해 각자가 희망하는 일을 하는 과정에서 유용하게 활용할 수 있는 다양한 프레젠테이션 유형을 연습하며 관련한 능력을 키우는 것에 초점을 맞추어 구성되었다. 1부에서는 프레젠테이션의 개념과 유형, 구성요소 등 프레젠테이션의 특성을 이해하는 데 필요한 내용을 다루었으며, 2부에서는 프레젠테이션을 기획하고 구성하는 과정에서 필요한 다양한 요소를 비롯해 발표 현장에서 실제로 프레젠테이션을 진행할 때 유의해야 할 점을 알아보았다. 3부에서는 대학의 수업시간은 물론이고 사회에서 가장 많이 활용할 수 있는 두 가지 유형의 프레젠테이션('자기소개 프레젠테이션'과 '연구주제 프레젠테이션')에 대해 각각의 특성과 준비 과정, 유의사항 등을 살펴보았다.

이 책으로 공부하는 시간만큼이라도 마스크 너머에 가려져 있던 상대의 얼굴을 마주하며 자신의 생각과 감정을 진솔하게 전달하고, 또 한편으로는 그렇게 메시지를 전하는 상대의 목소리에 귀를 기울이며 공감해보는 소중한 소통의 시간이 되기를 기대한다.

저자 일동

목차

제1부

프레젠테이션의 기초

제1장

의사소통의 이해

1. 의사소통의 개념

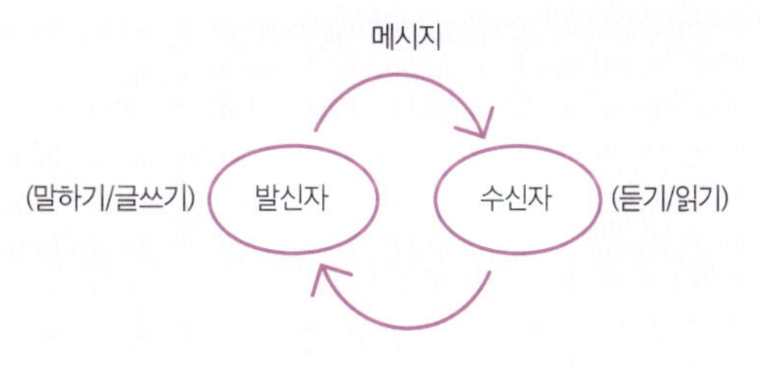

의사소통의 사전적 의미는 '가지고 있는 생각이나 뜻이 서로 통함'이다. 의사소통을 의미하는 영어의 커뮤니케이션(communication)이 '공통의', '공유의'라는 뜻의 라틴어 communis에서 유래한 것에서도 알 수 있듯, 의사소통은 서로의 생각을 교환함으로써 공통의 경험과 지식을 넓히는 것을 의미한다. 한자어 소통(疏通) 역시 '둘 이상의 사람이 서로의 의견이나 의사가 잘 통하여 오해가 없음'을 의미한다. 즉, 상대방에게 자신의 생각과 감정을 일방적으로 전달하는 것이 아니라 서로의 생각과 감정을 주고받는 행위가 의사소통인 것이다.

이렇게 서로 생각이나 느낌 등을 주고받는 행위는 주로 말이나 글을 매개로 이루어지지만, 그 밖에도 소리, 표정, 몸짓 등을 통해 이루어지기도 한다. 과거에는 직접 만나서

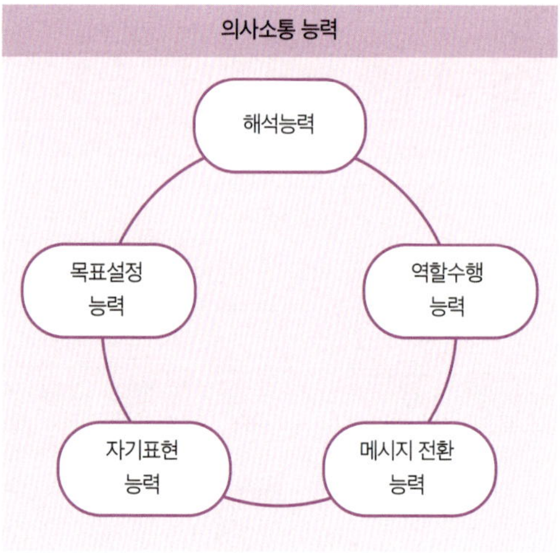

이루어지는 방식이 대부분이었으나, 요즘에는 전화, 통신, 편지, SNS 등 다양한 매개를 활용해 이루어진다. 또한 의사소통은 두 사람이 서로 주고받는 행위이기에 그것이 이루어지는 상황에도 많은 영향을 받을 수밖에 없다. 따라서 의사소통이 이루어지는 시간적·공간적·문화적·사회적 상황에 따라 해석과 반응은 얼마든지 달라질 수 있다.

모든 유형의 의사소통은 의사소통의 중요한 두 행위자인 발신자와 수신자, 그리고 그들이 주고받는 메시지로 구성된다. 발신자가 메시지를 보내는 사람이라면, 수신자는 그 메시지를 받는 사람이다. 상호교환적 성격이 강한 의사소통 과정에서는 고정된 의미를 일방적으로 전달하는 것이 아니라 의사소통에 참여한 사람들에 의해 해석된 것만이 의미 있는 행동이나 발화로 이어진다는 점에서 수신자 또한 발신자와 함께 의미를 만들어가는 중요한 역할이라 할 수 있다. 따라서 의사소통이 원활하게 이루어지기 위해 발신자는 수신자를 고려해 메시지를 전해야 하며 수신자 또한 의사소통 과정에 적극적으로 참여해야 한다.

의사소통은 사람과 사람 사이를 연결해준다는 점에서 일상생활에서도 중요한 비중을 차지하지만, 특히 최근에는 직장이나 학교와 같은 공적 영역에서의 의사소통이 그 어느 때보다 강조되고 있다. 대표적으로 NCS 직업기초능력에서도 의사소통 능력을 가장 중요한 항목으로 포함할 정도로, 의사소통 능력에 대한 관심은 최근 더욱 증대되고 있다. 의사소통 능력은 정보를 수집하고 처리하는 해석 능력, 의사소통의 목표를 전략적으로 수립하고 주도적으로 의사소통을 하는 목표설정 능력, 자신의 생각과 감정을 드러내는 자기표현 능력, 언어적·비언어적 요소를 활용해 메시지를 창출하는 메시지 전환 능력, 의사소통 과정에서 사회적 역할을 적절히 수행하는 역할수행 능력과 같은 하위 능력 요소들로 구성되어 있다.

2. 글쓰기와 말하기

말과 글은 우리가 사용하는 가장 일반적인 의사소통 방법이다. 물론 몸짓이나 표정 등 비언어적 요소를 통해서도 가능하지만 대부분은 언어를 사용해 자신의 감정을 표현하거나 의견을 주장한다. 글쓰기와 말하기 모두 언어를 통해 이루어진 사고를 기반으로 하지만, 그것을 표현하는 최종 수단(음성언어/문자언어)에 따라 말하기와 글쓰기라는 다른 형태로 나타나는 것이다.

문자언어로 표현되는 글과 달리 음성언어는 발화 즉시 소멸되기에 화자는 자신이 말한 내용을 취소하거나 수정할 수 없으며, 청자 또한 한번 들은 내용을 되돌려 확인할 방법이 없다. 그리고 글쓰기와 달리 말하기에서는 음성언어뿐 아니라 표정, 손짓, 발짓, 몸짓 등 다양한 비언어적 요소를 함께 활용할 수 있다. 음성언어를 활용한 의사소통 시 말이나 단어 등 언어적 요소가 메시지 전달에 영향을 미치는 비중은 7%에 불과한 반면, 어조나 음색과 같은 음성적 요소는 38%, 얼굴 표정이나 몸짓, 자세와 같은 비언어적 요소는 무려 55%를 차지한다는 메라비언의 법칙이 보여주듯, 말하기에 있어서는 비언어적 요소가 상당히 중요한 비중을 차지하는 것 또한 글쓰기와 말하기의 차이라 할 수 있다.

또한 말하기는 화자와 청자가 직접 대면한 상황에서 이루어지는 경우가 대부분이라, 의사소통이 이루어지는 순간의 화자와 청자의 심리 상태를 비롯해 발화 상황에서 벌어질 수 있는 여러 가지 돌발 사태 등으로부터 자유로울 수 없다는 것이 특징이다. 글에 대해서도 독자의 피드백이 이루어지기는 하지만 대부분의 말하기는 실시간으로 진행되기에 화자와 청자의 상호작용이 더욱 중요할 수밖에 없다. 즉, 화자는 고정된 의미를 일방적으로 전달하는 것이 아니라 의사소통 과정에 참여한 청자와 함께 메시지의 의미를 만들어가는 것이다.

이러한 말하기는 발화가 이루어지는 상황이나 메시지의 성격에 따라 공식적 말하기, 의례적 말하기, 친교적 말하기로 구분된다.

공식적 말하기	• 발표·연설·토론·토의 등 사전에 준비된 내용을 대중을 상대로 하여 말하는 것 • 발표·연설: 말하는 사람이 혼자 여러 청중을 대상으로 의견이나 정보를 전달. 일방적 말하기의 속성이 상대적으로 강함 • 토의: 여러 사람이 모여 공통의 문제에 대해 협의해 통일된 의견에 이르기 위한 말하기. 상호 교환적 말하기의 속성이 강함 • 토론: 서로 다른 의견을 가진 이들이 자신의 의견을 관철시키기 위해 주고받는 말하기. 상호 교환적 속성이 강함
의례적 말하기	• 정치적·문화적 행사 등에서 의례절차에 따라 하는 말하기 • 식사(式辭), 주례, 회의 등
친교적 말하기	• 친한 사람들 사이에서 자연스럽게 주고받는 일상적 대화

자기소개서, 보고서, 연구논문, 제안서, 리포트 등 여전히 많은 종류의 공식적 성격의 글쓰기가 이루어지고 있지만, 문서를 기반으로 하는 의사소통이 상대적으로 많았던 과거와 달리 오늘날에는 취업이나 진학을 비롯한 많은 공식적인 자리에서 발표나 면접, 토론과 같이 말하기 형태의 소통을 요구하는 비중이 점차 늘어나고 있다.

3. 말하기와 듣기

의사소통은 일방적으로 메시지를 전달하는 과정이 아니라 상대와의 상호작용을 통해 메시지를 주고받고 의미를 만들어가는 과정이다. 따라서 화자의 말하기만큼이나 청자의 듣기도 중요하다. 듣기가 수동적이고 소극적인 행위라는 것은 잘못된 편견이다. 듣기는 '소리 듣기(hearing)'와 '의미 듣기(listening)'로 나눌 수 있는데, 외부에서 들리는 물리적인 소리를 지각하는 활동을 의미하는 '소리 듣기'는 수동적·소극적 행위로 볼 수 있지만, 발화 내용을 분석하고 재구성해야 하는 '의미 듣기'는 매우 능동적이고 적극적인 행위이다. 주의를 기울여 발화 내용을 지각하고, 자신이 알고 있던 지식과 결합하여 들은 내용을 조직하고 해석해서 평가하는 일련의 과정은 고도의 인지 과정이기 때문이다. 이렇게 남의 말을 귀 기울여 주의 깊게 듣는 적극적이고 능동적인 듣기를 가리켜 경청(傾聽)이라고도 한다.

분석적 듣기(비판적 듣기)	공감적 듣기	사실적 듣기
• 발화의 객관성과 타당성을 파악하며 듣기 • 자료의 신뢰성과 구체성에 유의하며 듣기 • 자신의 관점을 견지하며 듣기 • 강의, 연설, 보도 자료, 발표 등 비판적 판단을 요하는 상황에서 유용	• 상대의 심리적, 감정적 상태를 이해하기 위한 목적 • 자신의 견해를 개입시키지 않고 열린 마음으로 상대를 수용하려는 자세로 듣기 • 비언어적 요소에도 주목하며 듣기	• 사실과 개념, 정보를 얻기 위한 듣기 • 적절한 자료와 정보를 선별하고 기억하기 위해 메시지에 집중해 듣기 • 중요한 상황을 메모하며 듣기

◆ 바람직한 경청 방법

• 상대방과 눈을 마주치고 몸을 기울여 상대방의 이야기에 관심을 보이는 자세 취하기

• 상대방의 말을 적절히 따라하며 경청하고 있음을 보여주기

• 상대방의 의도를 정확히 파악하고 반응하기

• 모호한 표현이나 부족한 설명 등에 대해 적절한 질문을 하며 듣기

• 중요한 내용은 메모하거나 녹음하며 듣기

참고자료

듣기의 재발견

니트와 청바지로 기억되는 프레젠테이션의 명수, 그리고 세계적 CEO인 애플의 스티브 잡스에게는 또 다른 직함이 있다. 본인이 1997년 애플의 요청으로 복귀를 하면서 주변에 스스로를 불러달라고 요청한 직함인데, 바로 CLO(Chief Listening Officer)다. 우리말로 번역한다면 '최고경청사' 정도일 것이다. CEO(Chief Executive Officer) CFO(Chief Finance Officer) CIO(Chief Information Officer) 등은 기업 내에서 전사적으로 중요한 일을 하는 최고책임자에게 우리가 부여하는 호칭들이다. 스티브 잡스가 스스로를 CLO라고 불러달라고 했다는 사실은, '듣기'를 자신이 최고책임자가 되어 선사적으로 관리해야 할 만큼 중요한 일이라고 생각한다는 것을 말해준다. 왜 '말하기'가 아니고 '듣기'인가? 누구나 소통의 중요성을 인정하지만, 사실 대부분의 경우 '잘 말하기'에 방점을 찍는다. 자신의 성과나 실적을 조직에 잘 알리는 자기 PR의 필요성이 강조되거나 남을 설득해 함께 목표에 동참하도록 하는 설득커

뮤니케이션 관련 서적이 잘 팔리는 것도 같은 이유일 것이다. '잘 듣기' 역시 소통의 중요한 수단이지만 상대적으로 소외돼 있고, 더구나 실천하기가 생각보다 쉽지 않다. 말하기는 내가 생각한 바를 전달하는 적극적 소통 패턴이고, 듣기는 소극적 소통 패턴이라고 생각한다. 하지만 듣기에는 말하기 이상으로 다양한 패턴이 존재하고, 역시 성공과 실패가 존재한다. '잘 듣는 것'은 적극적으로 경청하는 것이다. 눈을 마주치고, 주의를 집중하며 그 사람의 말에 공감해주는 것. 이것은 말하는 사람에게 표현능력을 적극적으로 발휘하게 해주며, 잘 들어주는 사람에 대한 믿음과 공감이 생기게 해준다. 공감은 신뢰를 바탕으로 그 사람과 나 간의 유대감을 가져오게 해준다. 처음 보는 사람일 경우, 잘 듣는 것만으로도 그 사람을 잘 파악할 수 있고, 신뢰를 바탕으로 해서 그 사람을 내 편으로 만드는 적극적인 방법이 되기도 한다.(후략)

- 이명섭, 「듣기의 재발견」, 『머니투데이』, 2011. 4. 15.

제2장

프레젠테이션의 개념과 특성

1. 프레젠테이션의 개념과 유형

프레젠테이션은 공식적 말하기의 일종으로, 일상에서의 말하기와는 구별되는 특수한 목적과 특성을 가진 말하기다. '주다'라는 의미의 'present'에서 기원한 프레젠테이션(presentation)은 다른 사람들에게 정보나 주장을 설명하고 제시하는 행위를 뜻한다. 특히 다양한 기술과 도구를 활용해 자신의 의견을 밝힘으로써 상대방의 생각이나 감정의 변화를 일으키는 의사소통 방법을 가리켜 일반적으로 프레젠테이션이라 일컫는다.

프레젠테이션 또한 언어적 요소에 시선, 목소리, 손동작, 몸짓과 같은 다양한 비언어적 요소가 결합된 형태가 기본이 된다는 점에서는 다른 유형의 말하기 방법들과 다르지 않다. 다만 프레젠테이션은 여기에 그림, 사진, 도표, 동영상 등 다양한 시청각 자료가 종합적으로 더해지며, 대부분 다수의 청중을 대상으로 진행된다는 점에서 하나의 무대를 연출하는 것에 비유되기도 한다.

프레젠테이션은 회의나 학술대회, 심포지엄과 강연을 비롯해 취업이나 진학을 위한 면접에 이르기까지 다양한 목적으로 이용되고 있다. 특히 최근 대기업을 중심으로 입사 과정에서 면접 비중이 강화되는 추세이며, 그 중에서도 지원자의 발표력이나 전문 지식

프레젠테이션 단계에 따른 의사소통 역량 강화

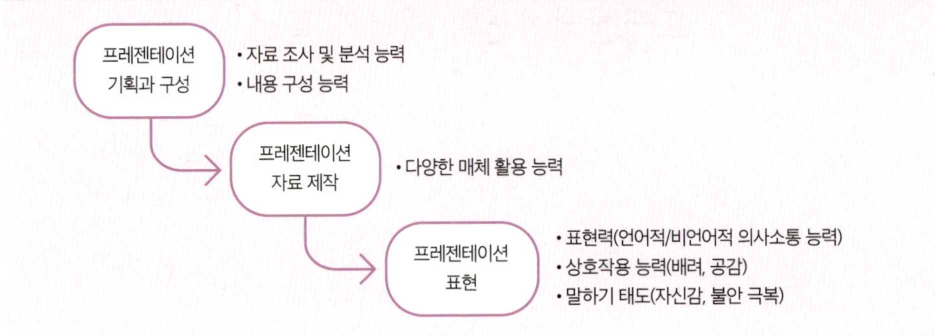

을 종합적으로 파악할 수 있는 프레젠테이션 면접을 기업들이 가장 선호하는 것으로 알려져 있다. 이뿐만 아니라 기업에서는 제안서, 기획안, 보고서 등을 발표하는 상황에서도 프레젠테이션을 폭넓게 활용하고 있다. 이처럼 프레젠테이션은 현대 사회에서 가장 중요한 의사소통 방법이자 자기표현의 수단이라 할 수 있다.

프레젠테이션은 전하고자 하는 메시지의 성격과 발표 목적에 따라 정보 전달형(설명형) 프레젠테이션과 설득형 프레젠테이션으로 크게 구분된다. 정보 전달을 위한 설명형 프레젠테이션은 청중이 프레젠테이션의 내용을 쉽고 정확하게 이해하는 것을 목적으로 한다. 반면 설득형 프레젠테이션은 청중의 생각이나 행동을 변화시키는 것을 목적으로 한다. 정보 전달형 프레젠테이션과 설득력 프레젠테이션의 성격이 절충된 형태인 제안형 프레젠테이션은 청중으로 하여금 내용을 이해하고 그것을 기반으로 의사결정이나 선택을 하도록 이끄는 것을 목적으로 한다. 이러한 목적에 따라 발표 자료 구성과 시간 분배, 말하기 전략과 청중 관리 방법 등을 다르게 계획해야 한다.

프레젠테이션 유형에 따른 전략

프레젠테이션 유형	프레젠테이션 전략
정보 전달형 (설명형) 프레젠테이션	• 내용 구성: 구체적이고 체계적인 내용 준비. 쉽고 간결한 표현으로 정리. 핵심 메시지를 중심으로 적은 양으로 구성. 동영상, 이미지 등 청중의 흥미 유발 요소 배치. • 발표 진행: 너무 빠르지 않은 발표 속도. 청중의 반응에 따른 발표 속도 조절. 청중의 주의를 환기시키는 방법 활용. 틈틈이 질의응답을 함으로써 청중의 이해도를 확인하며 발표 진행.
설득형 프레젠테이션	• 내용 구성: 객관적 사실이나 논리적 근거 제시와 함께 청중의 정서적 반응을 자극할 수 있는 감성적 요소도 준비. • 발표 진행: 발표 내용의 중요도에 따라 말하기 속도를 결정하되, 중요한 내용은 느리고 강하게 전달. 청중과의 공감과 신뢰감 형성을 위한 말하기 전략 마련. 체계적인 의견 제시를 위해 청중의 질문은 발표 후 별도의 질의응답 시간을 마련.
제안형 프레젠테이션	• 내용 구성: 핵심 내용을 중심으로 정리하되 청중의 정서적 반응을 고려한 감성적 요소도 포함. • 발표 진행: 청중의 이해가 중요한 만큼 너무 빠르지 않은 속도로 진행. 질문의 성격에 따라 질의응답 시간을 발표 중간과 발표 이후에 적절히 배치.

2. 프레젠테이션의 특성

프레젠테이션은 현장에서 실시간으로 청중을 앞에 두고 이루어지는 것이기에 청중으로부터 즉각적인 피드백을 받을 수 있다. 마찬가지로 발표자의 역량에 따라 얼마든지 청중의 관심과 주의력을 높일 수 있기에 문서로 전달하는 방식보다는 훨씬 더 효과적으로 메시지를 전달할 수 있다. 또한 현장에서 바로 청중의 질문을 받고 응답할 수 있으며, 경우에 따라서는 간단한 토론이 이루어질 수 있다는 점도 프레젠테이션의 특성 중 하나다.

무엇보다 다양한 시청각 매체를 발표 자료로 활용하기 때문에 다른 말하기 방식보다 훨씬 더 효과적으로 청중에게 메시지를 전달하고 각인시킬 수 있다는 점도 프레젠테이션만의 차별성이라 할 수 있다.

다른 유형의 말하기와 마찬가지로 프레젠테이션 또한 영속성이 없다. 따라서 발표가 진행되는 그 상황이 지나면 청중으로서는 발표 내용을 다시 살펴볼 수 없으며, 발표자 또한 발표 내용을 취소하거나 수정하기 어렵다. 그리고 문서의 형태로 전달하는 방식에 비해 준비해야 할 요소가 많으며, 다양한 물리적 제약으로 인해 원활한 진행이 어려운 돌발 상황이 발생할 수도 있다.

3. 프레젠테이션의 구성요소

모든 의사소통은 발화자, 수신자, 메시지로 구성된다. 프레젠테이션 또한 전하고자 하는 메시지와 그것을 전하는 발표자(발화자) 그리고 발표를 듣고 설명이나 설득의 대상이 되는 청중(수신자)으로 이루어진다.

1) 발표자

프레젠테이션은 현장에서 실시간으로 청중을 상대로 하는 말하기인 만큼 발표자의 역할과 역량이 무엇보다 중요하다. 발표를 효과적으로 진행하고 발표의 목적을 제대로 달성하기 위해 발표자에게 요구되는 능력과 자질은 다양하다. 발표자는 청중에게 호감과 신뢰감을 주어야 한다. 공감능력 또한 발표자가 갖추어야 할 자질 중 하나다. 그리고 청중에게 시각적, 청각적으로 긍정적인 인상을 남기는 것도 중요하다. 그러기 위해서는 목소리를 비롯해 자세, 표정, 시선과 같은 비음성적 요소들도 점검해야 하며, 용모와 차림새 또한 발표자가 살펴야 할 요소라 할 수 있다.

발표자가 갖추어야 할 자질

주제에 대한 이해와 전문성	타인을 대하는 인격과 도덕성	발표에 임하는 열정과 진정성
• 주제를 정확히 이해하고 관련 지식을 충분히 습득하고 있어야 함	• 청중이나 다른 발표자를 대할 때 도덕적이고 정의로운 태도가 필요함	• 청중의 공감이나 설득을 위해서는 발표 내용에 대한 발표자의 확신과 열정이 필요함

2) 메시지와 발표 자료

메시지는 글쓰기뿐 아니라 말하기에서도 가장 핵심적인 요소다. 공식적 말하기인 프레젠테이션에서는 특히 더 중요하다고 할 수 있다. 프레젠테이션의 메시지는 발표의 목적과 발표자의 의도, 청중의 요구 등을 종합적으로 고려하여 결정되는데, 발표의 목적과 목표를 정하고 그에 따른 세부 내용을 마련함으로써 최종적으로 프레젠테이션의 메시지가 확정되는 것이다.

그러나 프레젠테이션은 다른 유형의 말하기와 달리 다양한 시청각적 매체를 활용한 보조 자료와 함께 발표하는 것이 특징이기에, 메시지 준비 못지않게 이를 시청각적으로 표현하는 것 또한 중요한 요소라 할 수 있다. 일반적으로 프레젠테이션을 위한 보조 자료라고 하면 파워포인트나 프레지, 키노트 등의 프로그램을 이용해 제작한 자료를 떠올린다. 여기에는 주로 동영상과 이미지를 비롯한 다양한 시청각적 기법이 함께 활용된다. 이 외에도 유인물이나 팸플릿과 같은 인쇄물을 추가로 제공해 청중의 이해를 돕는 방법도 있다.

3) 청중

청중은 발표자와 짝을 이루어 의사소통 행위를 완성하는 중요한 요소다. 이런 이유에서 청중을 공동 화자라고 부르기도 한다. 프레젠테이션 역시 의사소통의 일종이기에 발표자는 메시지를 수신하여 이해하는 청중에 대한 정확한 이해를 기반으로 해야 성공적인 프레젠테이션을 할 수 있다. 프레젠테이션이나 스피치를 연구하는 전문가들이 가장 경계하는 것이 '청중을 염두에 두지 않는 말하기'일 정도로 프레젠테이션에서 청중은 놓쳐서는 안 될 중요한 요소다.

프레젠테이션의 주제나 세부 내용, 구성 방식이나 발표 분량 등은 청중의 상태에 따라 달라진다. 따라서 가능하다면 프레젠테이션에 참석할 청중의 규모와 성향, 연령, 지적 수준, 요구 사항 등을 사전에 객관적으로 분석해 준비해두는 것이 좋다.

학습활동

◆ 다음 두 자료는 동일한 사람이 각각 글쓰기와 말하기의 방식으로 자신의 생각을 전달한 것이다. 두 자료를 보고 의사소통 방법으로서의 말하기와 글쓰기를 비교해 봅시다.

자료 1

논술의 함정 혹은 아이러니

올해도 어김없이 입시의 계절이 돌아왔다. 수능이 끝났으니 이제 수험생들은 마지막 관문을 통과하기 위해 각개약진 중일 터, 그 가운데 가장 힘겨운 과정은 다름 아닌 논술일 것이다. 아니나 다를까 논술학원들은 이미 만원사례라고 한다. 수능과 논술, 말하자면 이 두 가지가 우리 시대 청소년들에게 주어진 '통과의례'인 셈이다. 논술이란 한마디로 말하면 독서능력을 평가하는 시험이라 할 수 있으니, 교육의 방향은 크게 독서와 글쓰기로 압축될 수 있겠다. 그래서 아주 어렸을 때부터 일찌감치 이 두 마리 토끼를 잡기 위해 총력을 기울여온 것이다. 그런데 참, 희한한 노릇이다. 이 정도로 '범국민적' 노력이 투입되었으면 대학생들의 수준이 대폭 향상되어야 하는데, 실상은 전혀 그렇지가 않다. 조금 과장을 섞어 말한다면 요즘 대학생들은 단군 이래! 가장 책을 읽지 않고, 유사 이래! 가장 글쓰기를 못한다. 아니, '책을 통한 인생의 탐구'라는 발상 자체가 없을뿐더러, 또 지성의 광장에서 글쓰기가 왜 그렇게 중요한지를 감조차 잡지 못하고 있다. 그럼, 어릴 때부터 받아온 그 많은 교육적 배려는 대체 어디로 갔단 말인가? 좀 심하게 말하면, 지난 20여 년간 시행된 교육개혁 성과는 '다 골고루' 못하는 '하향평준화'를 이룬 것뿐이라고 하면 너무 지나친 풍자일까? 대체 어떻게 이런 일이? 독서와 논술을 강조하는 이유는 간단하다. 주어진 문제에 답하는 능력이 아니라, 스스로 문제를 제기하는 능력을 키우기 위함이다. 남이 제출한 문제를 푸는 '대상'에서 스스로 문제를 던지는 '주체'가 되는 것, 요즘 유행하는 말로 '자기주도적' 학습이 여기에 해당한다. 자기주도적이란 말 그대로 자신의 힘으로 상황을 타개해나가는 것을 의미한다. 그러므로 여기서 핵심은 '신체성'이다. 신체가 지닌 잠재력을 얼마나 활용할 수 있는가가 평가의 척도라 할 수 있다. 우리 몸에는 35억년 생명의 역사가 오롯이 새겨져 있다. 이 기억들을 얼마나 능동적으로 활용하느냐, 여기에 따라 개별주체와 사회의 운명이 달라진다. 따라서 말할 것도 없이 이 힘은 전적으로 자신에게 달려 있다. 교육시스템이나 사교육, 미디어 등은 하나의 배경에 지나지 않는다. 만약 이 외부적 조건들이 전면에 나서게 되면 거꾸로 '신체성'은 침묵해버린다. 이것이 존재의 내부와 외부 '사이에서' 일어나는 '기묘한 가역반응'이다. 결국 자기주도적 학습 시스템이 강화될수록 자기주도성을 잃어버리는 역설이 일어나게 되는 것. 지금 교육이 바로 이런 함정에 빠진 듯하다. 독서력이란 책에 대한 욕망과 능력을 말하는데, 학생들은 이 힘을 기르는 데 주력하는 게 아니라, 책에 대한 정보를 습득하는 데 골몰한다. 논술 또한 마찬가지다. 글이란 모름지기 내 존재의 심연에서 터져나오는 것이어야 한다. 하지만 학생들한테 논술은 정보의 조합이나 이미지의 짜깁기일 뿐이다. 그러니까 수많은 책을 읽고, 수없이 글을 써대는데도 바로 이 '자기' 혹은 '신체성'이라고 하는 영역은 한번도 일깨워진 적이 없는 것이다. 자기주도적인 것조차 이미지가 되고 정보가 되는 시대, 범람하는 정보의 늪에서 모두가 정보로부터 소외되는 것이 이 정보화 사회의 실체일지도 모르겠다. 그러면 사람들은 또 이렇게 말할 것이다. 자기주도적 신체성을 일깨워주는 멋진 프로그램이 없느냐고? 오 마이 갓! 누군가 말했다. 문체는 얼굴이라고. 과연 그렇다. 성형만능시대라 모든 얼굴이 닮아가고 있지 않은가. 그러니 문체도 점점 똑같아질 수밖에. 성형이 만개할수록 얼굴의 개성이 사라지듯, 독서지도를 받으면 받을수록 책에 대한 욕망이 증발하고, 논술교육을 받으면 받을수록 글쓰기 능력이 마모되어 버리는, 그리하여 자기주도는커녕 마치 물귀신작전처럼 다함께 '자기망각'의 늪으로 잠겨버리는, 아! 이 끔찍한 아이러니를 대체 어찌한단 말인가?

- 고미숙, 「논술의 함정 혹은 아이러니」, 『경향신문』, 2010. 11. 29.

자료 2

[고미숙의 독서와 글쓰기 1부] 메모 독서 습관

	말하기	글쓰기
공통점		
차이점		

◆ 다음 두 자료는 각각 뉴스와 유튜브 영상의 일부이다. 두 영상을 보고 각각의 말하기 방식이 갖는 특징과 장단점에 대해 비교해 봅시다.

자료 1

[손석희의 앵커브리핑] 그 입 다물라

자료 2

[유튜브 채널 펄이지엥] 내돈내산! 삶의 질 수직상승하는 쿠팡 데일리 꿀템들 추천

	자료 1	자료 2
특징		
장점		
단점		

◆ 다음은 스티브 잡스의 프레젠테이션이다. 이 영상을 보고, 청중의 입장에서 그의 프레젠테이션을 평가해 봅시다.

자료

스티브 잡스의 신제품 발표 프레젠테이션

원본 영상 출처: Macworld San Francisco 2007 Keynote Address, https://podcasts.apple.com/kr/podcast/apple-keynotes/id275834665?i=1000026524322

제2부

프레젠테이션의 방법

제3장

프레젠테이션의 기획과 구성

1. 프레젠테이션의 기획

기획의 단계에서 해야 할 일은 세 가지다.

첫째, 무엇을 전달할 것인가(What)

둘째, 전달할 내용을 어떻게(How) 구성할 것인가

셋째, 청중의 입장에 서서 그들이 "왜"(Why) 귀기울여 들어야 하는지를 생각한다.

프레센테이션은 소통과 설득을 위한 도구이기에, 발표자가 청중을 귀 기울이게 하면서 마음을 움직이게 하는 것이기에 청중의 기대가 무엇인지 먼저 점검해야 한다. 문자로 표현하는 소통이나 설득과 달리 눈빛이나 어조, 동작 등의 요소들에서도 정보를 받아들이는 청중의 태도는 달라질 수 있다.

프레젠테이션의 목적은 크게 정보 전달과 설득으로 나눌 수 있다. 선거 유세나 세일즈, 캠페인 등은 설득을 목적으로 하며, 강의나 설명회 브리핑 등은 정보 전달을 목적으로 한다. 설득을 목적으로 하는 프레젠테이션을 기획할 때는 대상에 대한 정보를 제공하는 데만 그치지 말고 청중의 태도나 신념을 바꾸거나 자신이 원하는 방향으로 청중을 변화시킬 수 있는 영향력을 가져야 한다. 정보 전달을 목적으로 하는 프레젠테이션에서는 청중에게 새로운 지식을 전달하고 이해를 돕는 것을 목적으로 해야 하기에 미처 접하지 못했던 정보를 제공할수록 정보의 가치도 높고 프레젠테이션의 효과도 크다. 청중은 누구나 알고 있는 정보 제공을 경청하지 않는다.

- **설득적 프레젠테이션**에는 선거 유세, 캠페인, 세일즈, 대인 설득 등이 있으며, 정보 전달적 발표는 강의, 설명회, 브리핑 등이 있다. 또한 환담적 발표에는 수상식, 퇴임식 결혼식, 만찬 등 각종 행사의 축사나 사회 등이 있고, 수상을 수락하거나 감사를 표하는 소감 발표 등과 같이 일상생활에서 다양하게 찾아볼 수 있다. 발표자는 마치 어떤 단체의 지지자나 어떤 정당의 당원과 같은 열정적인 태도가 요구된다. 설득적 발표는 단순히 자신이 지지하는 대상에 관한 정보를 제공하는 것이 아니다. 발표자의 의견이나 생각을 듣고 나서 자신의 태도나 신념을 바꿀 수 있어야 하며, 발표자가 원하는 방향으로 변화시킬 수 있는 영향력이 있아야 한다. 있을 만큼 영향력이 있어야 하기 때문이다.

- **정보 전달적 프레젠테이션**의 경우는 청중에게 지식을 주고 이해를 돕기 위한 목적을 지향하기 때문에, 이전에 들어보지 못한 정보를 제공할수록 정보의 가치가 높다. 인터넷에 떠도는 정보를 짜깁기하여 발표한다든지, 또한 흔히 알고 있는 정보를 제공할 경우 청중의 관심을 끌기 어렵다. 그러므로 정보 가치가 높은 내용을 바탕으로 정확하고 명쾌하게 그리고 흥미롭게 발표해야 한다.

참고자료

- 프레젠테이션은 쌍방향으로 하는 의사소통이기에 **협력의 원리**가 적용된다. 협력의 원리란, 화자의 입장에서 보면 지금 이루어지고 있는 의사소통의 목적, 의사소통의 맥락이나 상황의 흐름과 일치되는 발화를 통해 긴밀성을 유지해야 하고, 청자의 입장에서 보면 상대방의 발화가 이루어지고 있는 의사소통의 목적이나 상황, 흐름과 관련하여 추론하고 해석하는 태도를 취해야 한다는 것을 의미한다.
- 그라이스(Grice)는 좋은 대화를 나누기 위해서는 협력의 원리에 충실해야 한다고 주장하면서, 다음과 같은 네 가지 규칙을 강조하였다. 그 내용을 발표에 맞게 조절하여 소개하면 다음과 같다.

협력의 네 가지 규칙

양의 규칙	발표의 목적에 필요한 만큼만 정보를 제공하라.
질의 규칙	진실한 정보만을 제공하라.
관련성의 규칙	상황과 목적에 적합한 발표를 하라.
태도의 규칙	명쾌하게 발표하라.

- **때와 장소에 적합해야 한다.** 때와 장소에 맞아야 한다는 것은 청중의 관심이나 반응, 상황에 따라 정보의 양을 조절하고 발표의 내용과 발표 양식을 적절하게 변용하는 것을 의미한다.
- **진실해야 한다.** 강의나 강연, 학술 발표 등과 같이 정보를 제공하는 발표뿐 아니라 정치인의 연설이나 세일즈의 설득적인 발표에서도, 우선 청중의 마음을 사로잡고 보자는 식으로 거짓 증거를 대거나, 아전인수격의 현란한 논리를 펼치거나, 허황된 비전을 제시해서는 안된다. 사실을 왜곡하는 등의 태도는 당장에 효과가 있을지는 몰라도 언젠가는 진실이 드러나게 마련이므로 신뢰를 얻지 못한다.
- **짧고 명쾌해야 한다.** 별 내용 없이 장황하게 늘어놓는 식의 발표는 청중의 관심과 주의를 끌지 못한다. 명쾌한 발표가 되기 위해서는 주장이 분명해야한다. 또한, 논리와 표현 방식은 체계적이고 간결해야 한다.
- **자연스러운 태도를 취해야 한다.** 아무리 훌륭한 내용이라 하더라도 준비한 원고를 보면서 난소롭게 낭독한다면 생생한 감동을 주기 어렵다. 그렇다고 해서 웅변하는 학생처럼 과장된 목소리와 몸짓으로 연설을 한다면 신뢰감을 얻기 힘들다.

연습문제

◆ 다음과 같은 주제를 가지고 프레젠테이션을 하려고 한다. 프레젠테이션의 효과를 높이기 위해 필요한 방법을 논의해 논의해 봅시다.

• 대학의 교양과 전공(발표)

• 키우기 쉬운 개의 품종(설명)

• 공정한 사회(강연)

• 대체에너지(설득)

2 프레젠테이션의 구성

프레젠테이션의 구성을 위한 준비

- 목적을 세우고 이에 맞추어서 준비하는 단계

  2W 1H(Why? What? How?)

  3P(People, Purpose, place)

- 자료를 찾아 발표문을 작성하는 단계(스토리라인 구성하기)

  3S 원칙(Simple, Short, Sense – 단순하게 짧게 센스있게)

- 구체적으로 실행하는 단계

  – 슬라이드 한 장에 메시지 한 개

- 청중에게 평가를 받는 단계로 나뉜다.

  4P(Pause, Pace, Pitch, Power – 멈춤, 속도, 정점, 목소리의 힘)

준비단계에서는 발표의 목적과 상황에 맞추어서 무엇을 전달할 것인가에 대해 고려해야 한다. 발표 작성 단계에서는 준비한 내용을 구체적으로 어떻게 전달할 것인가에 대해 고민해야 한다. 또 구체적인 실행을 앞둔 단계에서는 효과적으로 설득하기 위해서 표현과 태도를 어떻게 취할 것인가에 관해 세심하게 준비해야 한다.

프레젠테이션 준비 → 자료 작성 및 구성 → 프레젠테이션하기 → 평가하기

참고자료

3P: 목적(Purpose)과 기대 효과, 청중(People)의 특성과 방향, 장소(Place)의 조건 등이다.

청중의 반응에 대한 기대	프레젠테이션 목적
청중이 발표 내용에 감동하고, 결과적으로 자신의 신념이나 가치관을 발표자가 의도하는 방향으로 바꾼다.	설득
청중이 어떤 정보나 사실에 대해 충분히 이해한다.	정보 전달
청중의 친교적 분위기를 돋우어 준다.	환담

학습활동

◆ 3P를 바탕으로 다음 영상을 분석해 봅시다.

자료

[카메론 러셀 TED 강연]

"겉모습이 전부가 아닙니다. 저를 믿으세요. 저는 모델입니다."

원본 영상 출처 https://youtu.be/HqYyxpn79iI

◆ 다음 주제에 대해 생각해 봅시다.

- 자신이 경험한 프레젠테이션 중에서 가장 감명 깊었던 경우를 떠올려 봅시다.
- 설득, 정보 전달, 가벼운 환담 중 어디에 해당하는 것인지 분석해 봅시다.
- 그리고 자신이 감명을 받았던 이유가 무엇이었는지 짧게 발표해 봅시다.

제4장

프레젠테이션의 작성 절차

1. 화제 정하기와 개요 작성

1) 목적 세우기와 화제 정하기

글을 쓰든 말을 하든 화제를 정하기에 앞서서 먼저 해야 할 일은 목적을 세우는 것이다. 일반적으로 프레젠테이션을 요청하는 측에서 목적을 정해주기 때문에 고민할 필요는 없다. 그러나 수업시간에는 스스로 목적을 정해야 한다. 목적을 세우기 전에 청중이 어떻게 반응하기를 원하는지, 또는 청중들이 기대하는 바가 무엇인지를 점검할 필요가 있다. 청중과 상황을 고려하면서 발표자의 능력을 생각해야 한다. 자신이 흥미있는 화제라 하더라도 청중이나 상황에 맞지 않거나 자신의 능력과 수준에 맞지 않으면, 좋은 발표를 하기 어렵다.

화제란 우리가 '무엇'에 대해 발표한다고 할 때, '무엇'에 해당하는 것이다. 이는 발표의 소재나 재료로서, 발표를 통하여 전달하고자 하는 주제와도 깊은 관련이 있다. 예를 들어 요즈음 심각하게 대두하고 있는 '자연 재해'나 '환경오염'에 대해 발표를 한다고 한다면, 주제는 '자연 재해의 심각성' 또는 '환경오염의 심각성'이 될 것이다.

화제는 이 주제를 구체적으로 드러내 줄 다양한 말하기 거리 중의 하나이다. '지구 온

난화로 인한 재난'이나 '남강 수질 오염의 실태' 등과 같이 자신이 흥미로운 화제를 선택하여 발표 내용으로 삼아야 한다. 발표 제의를 받을 경우 대체로 주최 측으로부터 주제가 주어지지만, 주제를 구체적으로 담아낼 화제는 발표자 스스로 정해야 한다.

화제를 정할 때에는 두 가지 방법으로 접근할 수 있다. 먼저, 자신이 잘 알고 있는 주제를 선택하는 방법이 있다. 대부분의 사람들은 자신이 친숙한 내용이나 경험한 사실에 대해 말할 때 긴장을 덜하게 된다. 자신이 잘 알지 못하더라도 더 많이 알고 싶거나 혹은 충분하지는 않지만 조금 알고 있는 지식이나 경험을 선택할 수도 있다. 탐구해보고 싶다는 생각을 해본 적이 없는 화제를 잡아서 알아보고 싶은 경우도 있을 것이다. 예를 들어, 태풍이나 허리케인에 대해 전혀 알지 못한다 하더라도, 여름만 되면 왜 온통 난리가 나는지 그 이유에 대해 충분히 조사하여 훌륭한 발표를 할 수도 있다. 그 외에도 평소에 자신을 강하게 사로잡고 있는 의견이나 신념을 화제로 정하는 것도 좋은 방법이다. 그래도 좋은 화제가 떠오르지 않는다면,

다음의 세 가지 방법에 따라 찾아보자.

- 자신의 경험, 관심, 취미, 기술, 신념 등의 목록을 작성해 본다.
- 브레인스토밍을 해본다.
- 도서관에 가서 자료를 찾아본다.

참고자료

화제 선정을 하기 위해서는 세 가지가 중요하다.

- 시의성: 요즈음 관심 있는 내용으로 한다.
- 공공성: '나'만의 관심사가 아니라 '우리'의 관심사로 한다.
- 참신성: 탐구할 만한 가치가 있고, 참신한 시각을 엿볼 수 있는 것으로 한다.(자신의 관심, 경험, 취미, 기술, 신념의 목록 작성. 브레인스토밍)

연습문제 1

◆ 자신이 관심 있거나 흥미 있는 화제 중 다섯 가지를 적어 봅시다.

◆ 브레인스토밍을 하기 위해, 다음 항목의 칸에 자신의 관심 분야를 적어 봅시다.

다음에는 각 항목마다 세부항목을 5~6개씩 써넣고, 자신에게 신선한 아이디어를 제공하거나 흥미로운 것을 골라 화제를 정해 보시오.

항목					
세부 항목					

2) 개요 작성

개요는 내용의 전체 틀을 구성하는 것이다. 집을 짓기 위해서 설계도가 필요한 것처럼 개요 작성은 자신이 발표할 내용의 전체 설계도를 미리 준비하는 과정이다.

참고자료

개요 작성 요령

첫째, 화제를 설정하고 제한한다.
- 대략적인 화제를 정한다.
- 프레젠테이션의 목적, 제한 시간, 청중 및 상황에 대해 고려한다.

둘째, 다음의 순서대로 개요를 작성한다.
- 세부 요점들을 순서대로 배열한다.
- 각각의 세부 요점에다 보조 요점들을 삽입한다.
- 각 요점에 관련되는 자료들을 적어 넣는다.
- 소견 논거(권위자의 의견, 인용구 등)와 사실 논거(통계, 일화, 역사적 자료 등)를 구분하여 자료를 정리한다.
- 비유, 유머, 일화 등을 활용하여 표현의 효과를 위한 자료를 채워 넣는다.

2. 중심 생각과 세부 요점

1) 중심 생각

화제가 정해지면 청중의 규모나 특성, 발표 상황, 자신의 능력이나 관심, 시간제한 등과 같은 여러 가지 프레젠테이션에 영향을 미치는 요소를 고려하여 구체적인 목적을 정해야 한다. 프레젠테이션의 결과 무엇을 성취하고자 하는지 정확하게 파악하여, 화제가 내포하는 여러 가지 측면 중 한 가지에 초점을 맞추어야 한다. 목적을 구체화하는 것이다.

예시

- 화제: 대중교통
- 목적의 구체화(설득적 발표): 개선해야 할 대중교통 제도의 문제점을 관할시에 제안하도록 청중을 설득하기
- 목적의 구체화(정보 전달적 발표): 대중교통 제도의 불편함을 청중에게 설명하기

프레젠테이션에서 해결해야 할 목적과, 주어진 시간 안에 목적을 수행할 수 있는 화제의 범위 등을 점검한다. 그런 다음에는 자신이 세운 목적이 청중의 관심이나 지식 수준 등과 밀접한 관련성이 있는지, 목적을 너무 사소하거나 너무 복잡하게 잡은 것은 아닌지, 또는 목적이 너무 기술적인 측면에 치우쳐 있거나 표면적인 측면에만 머물러 있는지 등에 대해 점검한다.

이 항목에 대한 점검을 토대로 구체 목적을 작성할 때는, 한 가지의 생각만을 담아 분명하게 표현해야 한다.

연습문제 2

◆ '외모지상주의'라는 화제로 설득이나 정보 전달에 맞도록 목적을 구체화해 봅시다.

• 목적의 구체화(설득적 발표)

• 목적의 구체화(정보 전달적 발표)

발표자가 청중에게 전달하거나 주장하고자 하는 메시지는 분명해야 한다. 발표의 서두 부분에서 중심 생각을 먼저 제시하면 청중이 발표의 목적과 내용에 대해 예견할 수 있기 때문에, 발표에 집중하고 기대하면서 듣는다.

발표자는 자신이 전달하고자 하는 중심 생각을 한 문장으로 압축하여, 단문으로 제시하는 것이 좋다. 글을 읽는 독자와 달리, 발표를 듣는 청중은 상황에 따른 여러 가지 제약에 좌우되어 집중력이 떨어지기 때문이다. 따라서 생각을 분명하게 담아 명시적인 단문으로 제시하여 청중의 뇌리에 선명하게 각인될 수 있도록 해야 한다. '~와', '그리고' 등과 같이 연결사로 이루어진 복문이나 중문으로 제시하면, 내용이 방만해져서 산만한 발표가 되기 쉽다.

2) 세부 요점

세부 요점은 중심 생각을 구성하는 주장에 해당한다. 세부 요점을 정하려면 목적의 구체화를 통해 결정한 내용에서 끌어내야 한다. 특히 청중의 특성과 상황에 맞아야 하고 발표자 자신이 감당할 수 있는 범위 안에서 선택해야 한다.

참고자료

세부 요점을 정할 때 주의 사항

- 세부 요점은 전달하고자 하는 내용을 압축하여, 3~4개 정도의 항목으로 분류한다.
- 세부 요점을 제시하는 방법을 찾아야 한다.
- 세부 요점을 항목화할 때는 각각의 요점이 서로 겹치지 않도록 한다.
- 세부 요점을 항목화하는 표현이나 유형을 동일하게 반복하는 것이 좋다.
- 반복되는 표현은 청중이 기억하기도 쉽고, 이해력도 훨씬 높아진다.
  예 지구력이 향상되는 운동, 숙면을 강화하는 운동, 체중 감량에 도움이 되는 운동
- 세부 요점을 전달할 때는 확신에 찬 태도로 분명하게 말하는 것이 좋다.
- 각 요점 간의 간격은 뒷받침하는 자료의 양이나 복잡성에 따라 좌우된다.

3. 근거 찾기와 자료 수집

1) 근거 찾기

세부 요점은 단지 주장일 뿐이기에 주장을 청중에게 설득력있게 드러내려면 주장을 뒷받침하는 근거가 제시되어야 한다. 근거를 제시할 때에는 세부 요점과 밀접한 관련이 있어야 한다. 각 요점 당 둘 또는 셋 정도의 근거를 제시하는 것이 좋다.

근거 제시 방법

- 예시: 요점을 명료하게 만드는 데 효과적이며, 발표 내용을 풍성하게 만들어준다.
- 통계 자료: 전달하고자 하는 내용을 수치상으로 압축하여 전달해야할 때 활용하면 효과적이다. 통계 자료를 만든 기관이나 기준에 따라 차이가 나는 결과나 내용도 있다. 따라서 신뢰할 수 있는 자료인지 신중하게 검토하여 선택해야 한다.
- 전문가의 소견: 발표자의 주장에 전문가의 권위있는 유권해석을 활용할 수도 있다. 화제에 대해 충분하게 인식하지 못하는 학생들이나 지식 수준이 낮은 청중에게 유용하다.

2) 자료 수집

프레젠테이션을 준비하기 위해 자료를 찾는 작업은 글을 쓰기 위해 정보와 자료를 찾는 작업과 유사하다. 참고할 자료가 많으면 많을수록 유용하지만, 자료가 많다고 반드시 활용 가치가 높은 것은 아니다. 문제는 자신의 주장을 뒷받침하는 적절한 근거 자료를 어떻게 확보하는가에 달려있다. 적절한 근거나 자료가 제시되지 못한 프레젠테이션은 자칫 현란한 주장만으로 장식되기 쉬우며, 청중의 신뢰를 얻지 못한다. 어떤 화제에 대해 개인적인 경험이 풍부하거나 평균 이상의 지식을 가지고 있다면, 자신의 경험이나 지식을 자료로 활용하는 것도 좋다. 그러나 필요한 정보를 외부로부터 수집해야 하는 경우가 많은데, 방법은 다음과 같다.

(1) **인터뷰**: 인터뷰 할 대상은 화제에 대해 특별한 지식이나 정보를 갖춘 사람을 대상으로 한다. 인터뷰하는 목적이 확실하게 정해지면, 적합한 인물을 선정해야 하며, 어떤 질문을 어떻게 할 것인지 미리 연구하여 준비해야 한다. 인터뷰가 진행되는 동안에는 주의 깊게 듣고 정확하게 기록해야 한다. 인터뷰 직후에 생생하게 감각이 살아있을 때 기록한 내용을 검토하고 정리해야 한다.

(2) **설문 조사**: 여러 사람의 의견이나 생각을 수합할 필요가 있는 경우 설문 조사를 한다. 설문 조사의 목적이 정해지면 어떤 사람들을 대상으로, 어떤 방식으로, 무엇을 물어볼 것인지 철저하게 준비해야 한다. 설문 조사에서는 무엇보다 질문의 내용과 문항을 어떻게 설정하느냐 하는 것이 가장 중요하므로, 설문지를 만드는 과정에 시간을 충분히 들여야 한다. 설문 조사가 끝나면 분석한 내용을 종합, 평가해야 한다.

(3) **기관에 의뢰 하기:** 준비 시간이 충분하다면 정부기관, 연구소, 회사, 시민 단체 등 관련 기관에 서신을 보내 전문적인 정보를 의뢰할 수 있다. 원하는 정보가 무엇인지, 정보를 어떻게 활용할 것인지 등에 대해 명확하게 밝혀야 목적에 맞는 자료를 수집할 수 있다.

(4) **온라인으로 자료 찾기:** 화제의 핵심 용어로 검색하여, 자료 가치가 있는 내용을 선별한다. 온라인의 경우 불필요한 정보가 검색되어 혼란스러울 가능성이 높기 때문에, 반드시 자료를 선별하는 작업이 필요하다.

(5) **도서관에서 자료 찾기:** 도서관은 자료의 보고다. 특히 참고 자료실에 가면 각종 백과사전, 신문, 기록 등이 있는데, 이것을 잘 활용하면 필요한 근거 자료를 쉽게 찾을 수 있다.

연습문제 3

◆ "대리모 출산의 합법화"에 대하여 세부 요점을 지지해주는 '근거 자료 찾기' 방법을 있는 대로 열거해 봅시다.

• 설득적 발표의 경우:

• 정보 선날적 발표의 경우:

학습활동

◆ 프레젠테이션에서 가장 중요한 것은 무엇인지 말해 봅시다.

◆ 프레젠테이션 화제를 정하고, 다음 형식에 맞게 내용을 구상해 봅시다.

• 화제

• 목적의 구체화

• 중심 생각

• 세부 요점

• 근거

제5장

프레젠테이션의 표현 방법

1. 자료 배열 및 표현 방법

1) 자료의 배열

(1) 도표(그래프, 사진, 그림 등) 이용 목적과 표현 방법

타인과의 소통을 위한 프레젠테이션의 목적을 달성하기 위해 도표를 활용하는것이 효과적일 때도 있다. 도표(그래프, 사진, 그림 등)는 청중(수신인)의 이해를 돕는 도구로써 충분한 기능을 발휘해야 한다. 그러므로 청중의 인식 수준에 맞추어 자료(도표 등)를 작성한다. 프레젠테이션의 목적에 따른 도표 이용의 유의점은 아래와 같다.

- 청중의 이해를 돕는 도구로 기능해야 한다.
- 프레젠테이션의 목적과 핵심 개념 등을 전달할 수 있어야 한다.
- 개념·범주 등의 요소는 각각 분류한 후에 쉽게 이해할 수 있도록 정리한다.
- 청중의 이해력·인식 능력 등을 고려하여 도표 등을 작성해야 한다.

(2) 자료의 재구성

프레젠테이션 내용을 작성하기 위해서는 자신이 이해하거나 파악한 개념 등을 청중의 입장에서 다시 재검토하여 재구성할 필요가 있다. 즉, 주제·개념·데이터 등이 복잡하게 얽혀있는 자료를 분류하고 범주화하여 항목별로 정리한 다음, 내용 체계에 맞게 시각화한다.

(3) 논리 구성

일반적으로 프레젠테이션은 결론을 먼저 제시한다. 즉, 결론을 제시하고 이를 뒷받침하는 자료(증거) 등을 정리·통합하여 내용 전체의 논리 체계를 구성한다. 청중의 입장에서 이해하기 쉬운 논리 체계는 먼저 결론, 그다음 각 장에서 항목 및 소주제, 그리고 각 절에서 세부적인 내용을 제시한다.

(4) 문장 구성

프레젠테이션의 논리 체계 구성이 끝나면, 그 핵심 내용을 문장으로 작성한다. 이때 논리 체계에 따라 상위 항목을 소제목으로 작성한다. 그리고 내용에 따라 몇 개의 장이나 절로 분할한다. 논리 체계에 따라 내용을 정리한 문장은 위계에 맞추어 작성한다.

(5) 페이지 구성

논리 체계에 따라 정리된 내용을 바탕으로 장/절의 내용을 요약 제시하는 페이지와 각각의 장/절의 세부 내용을 제시하는 페이지를 논리 체계의 순서에 따라 작성한다.

(6) 도표(그래프, 사진, 그림 등) 배치

예시

가. 내용

나. 제목

다. 도표

라. 각주

마. 작성자

바. 자료번호

내용: 빅테이터란 무엇인가

제목: 사물 인터넷 빅테이터 분석 알고리즘

도표

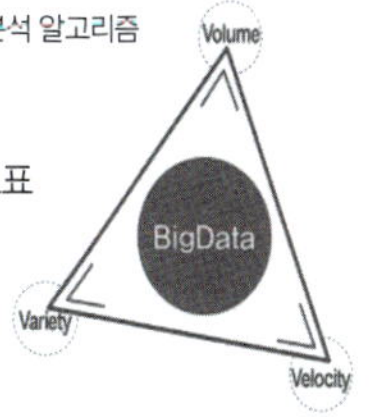

각주 1. Kant, Kritik der reinen vernunft, hamburg:varlag von felix meiner, 1856, p. 112.

작성자

자료번호

가. 내용: 도표에 나타낸 정보의 핵심을 간략하게 기술

나. 제목: 도표가 나타내는 정보를 함축하는 제목 기술

다. 도표: 사실이나 확실한 근거로 추론된 내용 혹은 통계 등을 도표로 나타냄

라. 각주: 도표에 나타난 정보에 대한 보충 설명(인명, Data의 출처, 기타 도표의 신뢰성을 뒷받침하는 내용)

마. 작성자

바. 자료번호: 자료 분류 및 보관을 위한 번호 기입

(7) 자료 제시 방법

- **집약**: 제시된 자료가 논리 체계에 따라 집약되지 않으면 오히려 이질적인 정보(자료)로 보인다. 즉, 혼재된 자료를 일목요연하게 정리하고 집약하여 표현해야 한다.
- **전략적인 표현**: 제시하는 자료에 대한 표현 전략이 미숙하면, 자료를 이해하기 어려울 뿐만 아니라 자칫 자료·정보에 대한 잘못된 해석을 이끌어낼 수 있다. 따라서 자료를 어떻게 표현할 것인가에 대한 충분한 전략적 검토가 선행되어야 한다.
- **특정 지표의 수치화와 시각화**: 정량적 자료는 내용상 쉽게 이해하고 공감하기 어려운 특징을 갖는다. 따라서 정량적 자료나 특정 지표는 이를 수치화하고 시각화하여 표현하는 것이 바람직하다.

참고자료

시각 자료 활용

- 표
  - 독립 변수는 첫 세로 줄에 배치
  - 비교 기준 항목은 첫 가로 줄에 배치
  - 기입 단위는 기준 항목 옆에 반드시 기재
  - 유효 숫자는 통일
  - 제목은 자료의 핵심을 전달할 것
- 그래프
  - 직관적으로 자료 표현
  - 자료의 경향과 통계를 한 눈에 파악하는 데 유리
  - 꺾은 선 그래프. 막대그래프, 원 그래프 등
- 그래픽
  - 스케치는 상징적 특성 강조
  - 도면은 옳은 것과 그른 것을 비교할 때 활용
  - 지도는 지역과 문화 설명, 주변에 대한 이해도를 위해 활용
  - 다이어그램은 시스템의 작동 원리, 선과 상징기호 이용
- 사진
  - 실물 사진은 개념과 내용을 드러내는 극적 효과
  - 모델 사진은 표현 내용이 너무 크거나 작을 때 활용

연습문제 1

◆ PPT 발표 자료 중에서 시각 자료들이 효과적으로 제시된 사례를 조사해 봅시다.

참고사료

필름이나 슬라이드를 만들 때 다음과 같은 사항에 유의하도록 하자.

효과적인 프레젠테이션을 위한 팁

- 문장은 간결하고 짧고 명백하게 한다.
- 제목은 주요 어휘만 뽑아낸다.
- 제목과 내용을 구별한다(활자 크기, 색상 등등).
- 한 슬라이드에 너무 많은 내용이 들어가지 않는다.
- 글자 크기와 글자색을 적절히 조절한다.
- 내용은 왼쪽, 부제목은 가운데 정렬로 한다.

프레젠테이션이 효과를 충분히 발휘하기 위해서는 많은 정보를 단순하게 전달하는 것으로 그쳐서는 안 된다. 청자는 청각보다는 시각적 경로를 통해 많은 정보를 받아들인다. 청자가 보다 많은 정보를 체계적으로 기억하도록 하기 위해서는 정보를 묶이시 제공하거나 다양한 수용 경로를 사용하는 지혜가 필요하다. 프레젠테이션의 효과를 높이기 위해 활용할 수 있는 방법은 다음과 같다.

첫째, 사진, 슬라이드, 그림 등은 주제를 선명하게 하는 데 활용하며, 2~3개 정도를 제시하는 것이 효과적이다. 많은 자료를 보여 주는 것은 관심의 긴장도를 떨어뜨릴 수 있다.

둘째, 도표 및 그래프는 산만한 내용을 일목요연하게 정리해 보여줄 수 있다. 선그래프는 시간의 경과에 따른 변화의 추이를 나타낼 때, 원그래프는 데이터가 퍼센트를 나타내거나 전체와의 비율을 나타내는 경우 사용된다.

셋째, 비디오나 영상자료는 연속 화면을 통해 사실성을 높여줄 수 있다는 점에서 효과적이다. 그렇지만 발표 시간의 10퍼센트 또는 20퍼센트 정도를 차지하는 것이 좋다.

넷째, OHP, 파워포인트, LCD 등은 자신의 프레젠테이션을 압축하여 주제를 전달할 수 있다는 점에서 효과적이다.

학습활동

◆ 오바마는 청중들의 마음을 어떻게 움직였는지 생각해 봅시다.

자료

버락 오바마 대통령의 연설 중 '어메이징 그레이스'

참고자료

PREP법 – 설득력 있는 프레젠테이션 구성

Point(Opinion)	→	Reason	→	Example	→	Point(Opinion)
요점 / 주장	→	이유 추상적 내용 -전체를 포괄하는 넓은 의미	→	구체적인 사례 / 데이터 구체적인 증거 / 개별 사례	→	요점 / 주장

참고자료

오레오(oreo)공식

Opinion(의견 주장하기) - 핵심 내용의 명료화

Reason(이유 말하기) - 타당한 근거 제시

Example(사례 들기) - 청자의 마음 움직이기

Opinion(의견 강조하기) - 청자의 반응 촉구하는 메시지 강조

- 송숙희, 『150년 하버드 글쓰기 비법』, 2022, 유노콘텐츠.

연습문제 2

◆ <예시 1, 2>를 참고하여 다음 질문에 대한 설명을 PREP법으로 구성해 봅시다.

예시 1

좋아하는 동물은 무엇입니까?

Point(Opinion)	Reason	Example	Point(Opinion)
저는 개를 좋아합니다.	개는 머리가 좋고, 사람에게 도움이 됩니다.	안내견, 경찰견, 마약수사견 등등 다양한 분야에서 활약하는 개가 많습니다.	따라서 인간의 삶에 도움을 주는 개를 좋아합니다.

예시 2

미래 기업의 신성장동력은 무엇이라고 생각하는지요?

Point(Opinion)	Reason	Example	Point(Opinion)
지속 가능성입니다.	세 가지 이유입니다. 첫째, 수익창출, 둘째, 장기적 의무의 지속가능성은 사회적 의무입니다. 셋째, 정치경제적 관점에서 환경보존의 필요성입니다.	최근에는 글로벌 기업의 화두입니다. 세계경제포럼에서도 핵심 키워드는 지속가능성을 강조합니다.	따라서 지속가능한 경영이 기업의 성장동력의 중심이 되어야합니다.

1. 나에게 10억 원이 주어진다면 무엇을 하고 싶은가?

2. 대학 생활을 하는 동안이나 20대에 해야 할 가장 중요한 것은 무엇이라고 생각하는가?

2) 표현 방법

(1) 도입

발표는 첫인상과 마지막 인상이 중요하다. 따라서 강한 서론과 결론이 필요한데, 대부분 서론에서는 네 가지 목적을 수행해야 한다. 청중의 주의와 관심 집중, 발표의 주제 드러내기, 발표할 내용을 개략적으로 소개하기, 배경 즉 화제의 중요성이나 청자와의 관련성 강조 등이다. 발표의 주제를 명확히 밝히는 일은 특히 중요하다. 그렇지 않으면 청중은 발표가 어디로 흘러갈지 혼란스러울지도 모르기 때문이다. 발표의 개략적인 내용 소개는 청중이 효과적으로 들을 수 있게 해주며, 본론으로 자연스럽게 이끌어 준다.

가. 주의 끌기

청중의 주의를 끌기 위해서는 화제와 관련한 유머 또는 충격적인 일화로 시작하거나, 호기심을 유발할 만한 질문, 인용, 예화 등을 사용한다.

첫째, 유머는 설명의 제재나 상황, 청자와 관계가 있어야 하며, 길지 않아야 한다.

둘째, 일화를 활용할 때는 주제와 관련 있는 내용이어야 한다.

셋째, 말하는 이와 듣는 이 사이의 공통점으로 관심을 끌 수 있어야 한다.

넷째, 놀랍거나, 믿기 어려운 사실을 말하여 듣는 이를 집중시키는 방법을 활용할 수도 있다.

다섯째, 설명의 제재를 숨기고, 중요성을 암시하여 짐작케 하는 방법으로 주의를 끈다.

나. 주제와 내용 소개

주제와 내용을 소개하는 전략으로는 일반적으로 다음의 방법이 사용된다.

첫째, 문제를 제기하는 방법으로는 주제를 암시한다.

둘째, 주제를 구분하여 제시하는 방법으로, 본론에서 전개될 내용까지 간략하게 소개한다.

셋째, 사건을 제시하는 방법에서는 주제가 사회적 문제임을 강조하기도 한다.

넷째, 인용문을 제시하여 주제를 선명하게 부각시킬 수도 있다.

다. 배경 설명

주제의 중요성을 주제와 청자 사이의 관계를 통해서 설명한다.

예시

대학은 모든 학생들이 평등한 조건에서 공부하는 학문의 장소가 되어야합니다. (화제의 중요성) 그래서 사립대학의 기여 입학제를 허용해서는 안 됩니다. (주제) 과거에 상당한 돈을 학교에 기부하면 입학이 허용되는 보결입학제가 있었는데 학생 간의 위화감 조성과 성적 차이의 심화등이 문제점으로 드러났습니다.(배경)

- 국립경남과학기술대학교 글쓰기교육연구회, 『대학 글쓰기』, 태학사, 2018. 137쪽.

(2) 전개

첫째, 시간적 질서에 따른 구성은 정보 전달적 발표에 적합하다.

예시

목적	외국학생에게 한국의 현대경제사 소개하기
요점	해방 후 한국의 발전상을 설명한다.
세부 요점	a. 준비기: 해방 후 미국의 원조경제기 b. 경공업 중심 개발시기: 1960~1970년대 급속한 발전기 c. 중공업 중심 발전기: 1980년대 제철, 자동차 산업기 d. 첨단산업 중심의 전환기: 1990년대 이후 첨단산업기

둘째, 공간적 질서에 따른 구성은 위에서 아래, 왼쪽에서 오른쪽, 앞에서 뒤, 안에서 밖, 동쪽에서 서쪽 등에 따라 말하기를 구성한다. 정보 전달적 발표에 적합하다.

예시

목적	컴퓨터의 구성을 초보자에게 설명하기
요점	컴퓨터는 모니터와 본체, 그리고 자판으로 구성된다.
세부 요점	a. 컴퓨터는 작동하는 모든 내용을 볼 수 있는 모니터가 있다. b. 컴퓨터 프로그램이 작동할 수 있는 하드웨어를 내장한 본체가 있다. c. 프로그램을 작동시키는 명령어를 입력할 수 있는 자판이 있다.

셋째, 인과적 질서에 따른 구성은 원인, 결과의 관계에 따라 배열한다. 설득적 발표와 정보 전달적 발표에 모두 사용된다.

예시

목적	김치에 포함된 나트륨 함량과 건강의 상관관계 설명하기
요점	김치는 나트륨 함량이 높아 과다 섭취하면 고혈압과 심혈관 질환이 커진다.
세부 요점	a. 일상적으로 식탁에서 빠지지 않는 김치에는 나트륨 함량이 높은 편이다. b. 나트륨의 과다 섭취는 고혈압을 비롯하여 심혈관 질환의 원인이 된다.

넷째, 문제해결적 질서에 따른 구성크게 두 파트로 구성하며, 세 개의 단락을 만들 수도 있다. 먼저 문제의 심각성을 제시하고, 해결방법을 제시한다.

예시

목적	김치에 포함된 나트륨 함량과 건강의 상관관계 설명하기
요점	김치는 나트륨 함량이 높아 과다 섭취하면 고혈압과 심혈관 질환이 커진다.
세부 요점	a. 일상적으로 식탁에서 빠지지 않는 김치에는 나트륨 함량이 높은 편이다. b. 나트륨의 과다 섭취는 고혈압을 비롯하여 심혈관 질환의 원인이 된다. c. 김치를 담글 때 나트륨 농도를 줄이기 위해 소금물 대신에 다시마 육수를 활용할 수 있다.

다섯째, 화제적 질서에 따라 구성할 때는 주요 화제를 하부 화제로 나누고 하부 화제 각각이 세부 요점이 된다. 정보 전달적 말하기에도 쓰이지만, 자신의 견해에 이유를 제시하는 설득적 말하기에 많이 쓰인다.

예시

목적	벌금형에 반대할 것을 설득하기
요점	벌금형은 범죄 억제 효과도 없고, 도덕적으로 정당한 처벌도 아니다.
세부 요점	a. 벌금형은 살인이나 심각한 범죄를 방지할 수 없다. b. 벌금형은 도덕적으로 정당하지 않다.

(3) 마무리

결론에서는 청중이 발표의 끝이라는 것을 알게 해야 하며, 발표자의 중심생각에 대해 수용하거나 이해를 강화시켜야 한다. 예상하지 못한 결론은 청중을 혼란스럽게 만들기 때문에 발표자는 결론에서 자신의 중심 생각을 강화하는 여러 가지 기술을 사용해야 한다.

다음과 같은 기술이 일반적인 결론의 방법이라 할 수 있다.

첫째, 요약과 종합으로 중요한 요점을 간단히 요약 정리하는 방식

둘째, 호소를 통해 청중에게 행동을 요청하는 방식

셋째, 희망을 제시하여 낙관적 전망을 보여주는 고무적인 방식

넷째, 유머나 일화를 제시하는 방식

참고자료

흥미를 끄는 시작과 마침

시작

- 청중의 호기심을 자극하라
- 주의를 끌 수 있는 인용문으로 시작하라
- 주제와 관련된 실제 혹은 경험적인 이야기로 시작하라
- 청중에게 질문하라
- 통계 자료를 통해 주제의 중요성을 강조하라

마침

- 발표 내용을 요약하면서 종료하라
- 인용문으로 종료하라
- 극적인 문장으로 종료하라
- 서론을 다시 언급하면서 종료하라

연습문제 3

◆ 인과적 질서의 방식으로 본론을 구성하려고 한다. 저출생의 원인을 설명하려고 할 때 요점과 세부 요점을 어떻게 정하는 것이 좋을지 논의해 봅시다.

1	화제	저출생
2	목적	저출생 원인에 대해 설명하기
3	요점	
4	세부 요점	

(4) 효과적으로 연결하기

내용이 잘 전달되기 위해서는 조직화된 말하기가 필요하다. 청중은 집중력이 매우 약하고 자신의 생각대로 이해해서 듣기 쉽기 때문이다. 따라서 정확하고 조직화된 말하기가 내용 전달을 효과적으로 만들 수 있으며, 그러한 말하기의 조직화는 단락을 단위로 이루어진다. 서론, 본론, 결론을 구성하는 각각의 단락을 연결사('지금부터, 이제는, 또 한편으로는')로 연결하여 내용의 전환이나 내용소개 등을 하는 방법은 조직화된 말하기의 한 예이다.

첫째, 이야기를 시작할 때는 화제시작이나 화제전환으로 한다. "지금부터, 지금까지, 이제는, 또 다른 부분은, 나아가, 다음이" 등의 연결어를 주로 사용한다.

둘째, 화제시작을 한 후에는 사전 제시가 필요하다. 자세히 이야기 할 내용의 정보를 미리 제공한다.

예시

식습관의 개선, 철저한 분리수거, 재활용 산업의 활성화 세 가지 측면에서 해결책을 강조할 것입니다.

셋째, 요점을 하나, 둘, 셋 등으로 항목화하여 제시한다. 항목화할 때 특히 관련된 생각이나 개념을 셋으로 묶는 표현 방법이 자주 쓰인다.

예시

먼서, 쓰레기를 줄이기 위해서는 식습관을 개선해야 합니다. 상다리가 부러지게 차려야 한다는 우리나라 식습관 때문에 버리는 음식이 많다고 생각합니다. 둘째, 가정에서는 분리수거가 철저히 이루어져야 한다고 생각합니다. 분리수거가 제대로 이루어지지 않으면 재활용품도 쓰레기로 버려지게 됩니다. 셋째, 재활용 산업의 활성화를 제대로 해야 합니다. 재활용품을 다시 상품화하는 산업 시설이 없으면 가정에서 분리수거를 잘 한다 해도 소용이 없습니다.

넷째, 다른 화제로 넘어가기 전에 지금까지 말한 내용을 다시 확인하는 사전 요약이 필요하다. “지금까지를 요약해 말씀드리겠습니다.”, “지금까지 ~에 대해 말씀드렸습니다.” 등으로 표현하여 제시한다.

예시

지금까지 가정용 쓰레기를 줄이는 방안을 식습관의 개선, 철저한 분리수거, 재활용 산업의 활성화 측면에 대해서 말씀드렸습니다.

예시

연결된 문장의 예

지금까지 우리나라 가정에서의 쓰레기 문제가 얼마나 심각한지 말씀드렸습니다. 이제는 그 해결책에 대해 이야기할 차례입니다. 저는 식습관 개선, 철저한 분리수거, 재활용 산업의 활성화 세 가지 측면에서 해결책을 강조할 것입니다. 하나, 가정용 쓰레기를 줄이기 위해서는 식습관을 개선해야 합니다. 상다리가 부러지게 차려야 한다는 우리나라 식습관 때문에 버리는 음식이 많다고 생각합니다. 둘, 가정에서의 분리수거가 철저히 이루어져야한다고 생각합니다. 분리수거가 제대로 이루어지지 않으면 재활용 물품도 그대로 쓰레기로 버려지게 됩니다. 셋, 재활용 산업의 활성화가 필요합니다. 재활용품을 다시 상품화하는 산업 시설이 부족하다면 아무리 가정에서 분리수거를 잘 한다 해도 헛수고가 될 것이기 때문입니다. 지금까지 가정용 쓰레기를 줄이는 방안을 식습관의 개선, 철저한 분리수거, 재활용 산업의 활성화 측면에서 말씀드렸습니다.

(5) 문장과 언어 표현

프레젠테이션에서 문장과 단어를 정확히 사용하는 것은 회계사가 숫자를 정확히 사용하는 것만큼 중요하다. 발표를 준비할 때 스스로 물어보라. “정말로 나는 무슨 말을 하고 싶은 걸까? 정말로 무얼 의미하는 걸까?” 적합한 표현을 선택하는 일은 발표의 성공을 가늠하는 열쇠가 된다.

◆ 핵심 요약

첫째, 모호한 표현은 피하고 정확하게 표현한다.

둘째, 낡고 진부한 표현을 피한다.

셋째, 구체적으로 표현한다.

넷째, 간결하게 표현한다. 최소한의 단어를 사용하여 세부 요점만 표현한다.

다섯째, 동기화하여 표현한다. 청자의 관심과 욕망에 호소하는 방향으로 동기화한다.

여섯째, 수치화하여 표현한다. 구체적인 수치로 시각화하여 표현하면 강하게 기억된다.

일곱째, 동질적으로 표현한다. 문자 언어는 같은 말을 반복하지 않으나, 음성언어는 세부 요점을 표현하는 구나 문장이 동질적이거나 유사해야 한다.

여덟째, 청자의 나이, 경험, 말하는 상황에 따라 알맞은 어휘와 경어법을 선택한다.

참고자료

- 개념 규정을 정확하게 할 것.
- 청자가 알고 싶어 하는 것을 해석한 후 분명히 전달.
- 단순하면서 직선적인 전달 내용으로 구성.
- 수동형, 피동형 표현은 하지 말 것.

2. 프레젠테이션 방법 및 동작과 태도

첫째, 프레젠테이션의 발표 방법을 정한다.

둘째, 효과적인 목소리를 정한다.

셋째, 동작과 태도를 결정한다.

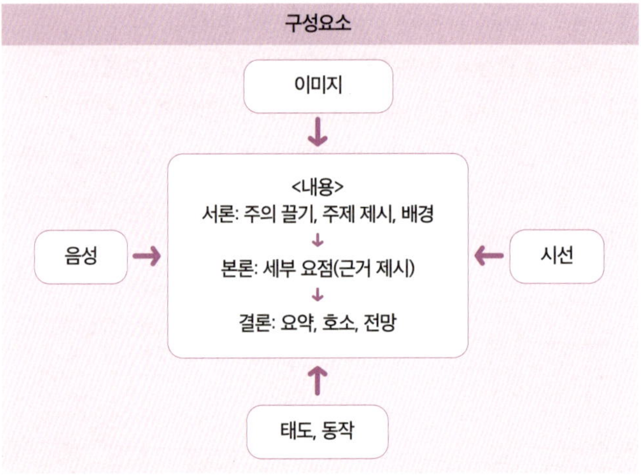

프레젠테이션을 구성하기 위해 갖추어야 할 요소 전체를 도표화한 것이다. 가운데 네모 칸 안의 내용은 전달해야 할 핵심 내용으로 구성해야 한다. 그 밖의 언어적 표현인 음성과 비언어적 표현인 이미지, 시선, 태도, 동작 등의 요소가 전달의 표현적 요소가 된다. 전달을 잘하기 위해서는 실제 전달 방법인 표현적 요소가 효과적으로 이루어져야 한다. 변화 없는 어조나 원고에 고정된 시선, 원고를 읽어 내려가는 태도는 전달성이 떨어진다. 청자의 관심을 집중시키고, 지속시키는 효과적인 전달 방법을 선택해야만 성공적인 발표를 할 수 있다.

1) 방법 정하기

프레젠테이션을 하는 방법은 크게 네 가지가 있다.

(1) 원고를 보고 읽는 방법: 정치 연설이나 대통령의 국정 연설, 과학자의 프리젠테이션 등 모든 내용이 중대한 의미를 갖는 발표는 원고를 보면서 읽는 방법을 사용한다. 지루

하지 않도록 어조, 빠르기, 휴지 등에 주의해야 한다.

(2) 원고를 외워서 발표하는 방법: 원고를 읽는 방법보다 청중과의 시선 교환이 자유롭지만 기억해내려고 애쓰는 일에 몰두한다면 오히려 청중과의 교감에 실패할 우려가 있다.

(3) 즉흥적으로 하는 방법: 가벼운 토의나 사무 회의, 보고회 등에서 간단하게 자신의 의견을 발표해야 하는 경우에 해당한다. 자유 토의의 경우 자신이 없어서 사회자의 눈을 피하거나 구석만 찾아다니는 사람이라면, 네 가지 단계로 자신의 의견을 정리하는 방법이 도움이 된다.

아래의 네 가지 단계로 의견을 펼쳐나가면 즉흥적인 발표도 조리 있게 할 수 있다.

- 앞 사람의 의견에 대한 답변의 요점을 먼저 말하기.
- 자신의 말 하고 싶은 요점을 말하기.
- 자신의 의견에 대한 근거로 통계자료나 사례, 증거자료 등을 제시하기.
- 자신의 요점을 요약하기.

(4) 원고를 요약하여 상황에 맞추어 하는 방법: 주제와 세부 요점, 유머, 예화 등을 요약하여 카드를 만들어 상황에 적절하게 발표를 하는 방법이다. 발표자의 생각과 언어를 적절하게 조화시킬 수 있어서 청중과 교감할 수 있는 효과적인 발표가 될 수 있다.

2) 음성 정하기

장소, 청중의 수, 발표 상황 등에 맞추어 음성의 크기나 종류를 정한다.

(1) 목소리의 크기: 발표 장소의 크기, 청중의 숫자, 소음의 정도를 고려하여 목소리의 크기를 정한다. 자신의 목소리는 청중이 듣는 소리보다 크게 들린다는 점을 고려해야 한다.

(2) 억양(Pitch): 감정을 생생하게 전달할 수 있는 표현 요소이며, 음성의 높낮이를 통해서 발표자가 질문을 하는지 진술을 하고 있는지 구분할 수 있다.

(3) 속도(Rate): 올바른 빠르기로 정해진 속도는 없으나 보통 사람들은 1분에 100단어 정도를 말한다고 한다. 원고로는 200자 원고지 2장 정도의 분량이 된다. 그렇지만 축구

중계를 하고 있다면 높은 억양과 빠른 속도의 말하기가 청중을 흥분 상태로 끌어들일 수 있다. 통계 자료를 비롯한 수치로 된 자료를 제공할 때는 천천히 말해야 정확히 전달된다.

(4) 휴지(Pause): 말과 말 사이에 잠시 끊는 것도 발표 효과를 높이는 데 도움이 될 수 있다. 강조의 효과를 얻기도 하고, 다음 화제를 시작할 때도 청중의 집중을 높일 수 있다. 휴지에 군소리 '아, 음, 에' 등을 쓰면 집중력이 떨어지므로 주의해야 한다.

(5) 어조의 변화(Vocal variety): 발표에 생기를 불어넣기 위해서는 어조에도 변화를 주어야 한다. 단조롭고 변화 없는 어조는 청중을 지루하게 한다. 강한 어조와 부드러운 어조의 조율을 통해서 청중과의 대화를 생동감 있게 해야 한다.

(6) 정확한 발음: 정확한 전달력을 위해서는 표준발음법을 연습해야 한다.

3) 태도 정하기

발표의 효과를 높이기 위해 몸짓, 시선, 얼굴 표정, 의상 등 연출하고자 하는 분위기를 결정한다. 발표자의 비언어적 표현은 언어보다도 더 직접적으로 발표자의 감정을 드러낸다. 따라서 청자는 발표자의 자신감이나 화제에 대한 생각, 청자에 대한 느낌 등을 얼굴 표정이나 동작, 시선 등을 통해서 읽어낸다. 또한 발표자의 행동이나 태도는 전달 내용을 풍부하게 하거나 내용 자체를 보강하는 작용을 한다.

예를 들어 내용을 강조하기 위해 동작을 하기도 하고, 팔 동작만으로 이것, 저것을 지시할 수도 있다. 몇 걸음 옮기는 것으로 화제를 바꾸는 것을 암시하기도 한다. 비언어적 표현은 발표자와 청중 사이에 교감을 형성한다. 웃거나 찡그리거나 불안하게 꼼지락거리는 등 청중과 발표자 사이에 일어나는 감정적 교류를 반영하는 것이다.

(1) 발표자와 청중 사이의 거리: 일반적으로 친밀한 거리를 약 50cm, 개인적 거리를 50cm~120cm, 사회적 거리를 120cm~350cm, 공적 거리를 350cm 이상으로 구분한다.

(2) 움직이고 멈추는 자세: 한 자세로 꼿꼿하게 발표를 하는 것은 오히려 긴장감과 지루함을 줄 수 있다.발표자가 움직이거나 서 있는 자세도 청중과의 대화를 제한하는 기능을 한다. 테이블의 끝에서 끝으로 옮기거나 혹은 자세를 바꾸는 것으로 화제를 바꾼다는 사실을 암시할 수 있다. 또 청중에게 가까이 다가감으로써 강조의 효과를 얻을 수도

있다.

(3) 얼굴 표정과 시선: 얼굴 표정은 발표자의 감정을 표현한다. 청중은 발표자의 얼굴 표정을 통해서 감정을 읽어내기도 하며, 메시지를 해석할 수 있는 실마리를 제공한다. 심리학자 앨버트 메라비언(Albert Mehrabian)은 발표자의 여러 요소들이 청중의 감정에 미치는 효과를 연구한 결과, 발표자가 사용하는 단어는 7%, 음성 요소는 38%, 얼굴 표정은 55% 영향을 미치는 것으로 나타났다고 밝힌 바 있다.[1]

참고자료

얼굴 표정 중에서도 가장 중요한 것은 시선이다.
청중에게 신뢰감을 주고 청중의 반응을 살필 수 있는 방법이기 때문이다.
앞 좌석에서 2/3정도의 지점에 시선을 두는 것이 자연스럽다.
그렇다고 한 곳에 고정된 시선은 불안감을 조성한다.
자연스럽게 청중과 시선을 마주치면서 발표를 이끌어야 한다.

(4) 머리, 어깨, 팔, 손 등 몸 전체의 동작: 말을 하면서 청중에게 하는 동작은 메시지를 전달하는 표현 도구가 되며, 동작 자체가 의미를 생산하기도 한다. 엄지손가락을 들어올리면 '좋다', '최고다'의 뜻이 되고, 첫째, 둘째, 셋째로 범주화하여 말할 때 손가락을 펴는 것도 대화적 동작에 해당한다. 동작을 적절하게 사용하면 청중을 설득하고 자신의 생각을 전달하는 데 충분한 효과를 거둘 수 있다.

그림을 그리듯이 크기나 모양, 위치 등을 손으로 표현하는 묘사적 동작도 있다. 청중에게 구체적으로 상상하게 만들어 발표자의 생각을 전달하는 효과가 있다. 감정 시시적 동작은 분노를 표현하거나 경고를 표현하는 동작으로 청중에게 감정을 전하고 청중이 감정적으로 동조하기를 부추기는 동작이다.

1 pmg 지식엔진연구소, 『시사상식사전』, 박문각.

4) 대응하기

상황에 대한 분석은 청중의 기대에 부응하고, 발표자의 태도 등을 결정하는 가이드라인이 된다. 일반적으로 지켜야 할 사항은 청중의 규모, 장소, 발표 시간, 스피치에 필요한 설비, 시간제한, 세부적인 과제 등이다.

상황	점검 사항
청중의 규모	목소리의 크기, 매체 사용 여부를 결정한다.
시간	발표 시간은 청중의 주의력과 밀접한 관련이 있기 때문에, 보조 자료를 사용할 필요가 있는지 판단하고 준비한다.
발표 순서	첫 번째의 경우: 분위기를 조성해야 한다. 가운데의 경우: 앞 사람과 차별화된 내용, 전달 방법 등을 준비한다. 마지막 발표의 경우: 산만한 청중을 집중시켜야 한다.
시간 제한	주어진 시간 내에 적절한 화제를 선택한다.
청중의 기대	발표의 목적과 과제의 본질을 잘 반영하는 내용을 선택한다.
장소의 상황	실내외, 장소의 규모, 조명 상태, 의자 배열 등을 점검한다.
설비	발표 상황에 활용할 수 있는 설비를 점검한다.

강의시간에 하는 발표는 상황을 미리 예상할 수 있으며, 수업시간에 3분 내지 5분의 시간이 주어진다. 이 짧은 시간 안에 자신이 전하고자 하는 내용을 효과적으로 발표하기 위해서는 철저한 준비를 해야 한다. '연습은 실전처럼, 실전은 연습처럼'라는 말이 있듯이, 실제로 발표하는 연습을 충분히 하여 자신감 있게 대비하는 자세가 필요하다.

연습문제 4

◆ 자신이 프레젠테이션 해야 할 상황을 분석하고, 준비해야 할 것을 점검해 봅시다.

상황 분석		점검 사항
수업 시간대	오전/오후	
발표 순서		
제한 시간	분	
목적		
강의실 환경		
설비 상태		

참고자료

효과적인 프레젠테이션을 위한 팁

• 서 있는 자세: 청중과의 거리는 적당해야 하며, 동선도 고려해야 한다.

바른 자세	바르지 못한 자세
• 청중을 정면에서 바라보는 자세 • 두 발을 약간 벌린 안정감 있는 자세 • 적당히 움직이는 동선 • 청중과의 거리는 앞 줄과 2~3미터	• 청중에게 등을 보이거나 옆으로 서 있는 자세 • 딱딱한 부동 자세 • 산만하고 분주한 동작 • 청중과 너무 멀리 떨어지거나 가까운 거리

• 표정 및 시선 처리: 앞 좌석에서 3분의 2 정도의 지점에 시선을 두는 것이 자연스럽다. 한 곳에 고정하지 말고 적당히 시선을 이동한다. 고정된 시선은 청중에게 불안감을 줄 수도 있다. 청중을 외면하거나 발표 원고, 시각 자료만 쳐다보는 것도 좋지 않다. 청중과 자료를 적당히 보면서 발표해야한다.

바른 시선 처리	바르지 못한 시선 처리
• 청중을 주시한다 • 여러 사람에게 골고루 맞춘다 • 눈을 마주보고 적당히 초점을 맞춘다 • 한 문장을 말하는 동안 시선을 바꾸지않는다	• 청중 외에 엉뚱한 곳을 본다 • 화면이나 준비한 발표 원고만 본다 • 특정한 곳에 시선을 고정한다 • 시선을 자주 바꾼다

• 손동작: 청중에게 감정을 전달하고 감각적으로 동조할 수 있도록 하는 설득력을 지니며, 생각을 효과적으로 전달할 수 있다.

바른 손 사용	바르지 못한 손 사용
• 자연스러운 차렷 자세 • 절도있고 자신있는 사용 • 필요한 곳에만 제스처 사용 • 사람을 지목할 때 손바닥 펴서 손 전체로	• 손으로 교탁이나 벽을 짚고 기댄다 • 특정 행동을 반복한다 • 주머니에 손 넣거나 팔짱 낀다 • 손가락으로 사람 지목

① 양손 옆으로 펼치기 - 청중과 친밀감 (모두, 함께)

② 양손 마주잡기 - 공손. 예의 바름 표현(감사, 소망, 의지)

③ 양손을 배에서 가슴으로 - 성장, 발전 의미(의욕적이며 희망)

④ 오른손 주먹 눈높이 - 도전, 결심, 자신감, 의지

⑤ 머리 옆 손끝 살짝 대기 - 고민, 연구, 구상, 숙고(사려깊고 전략직임을 표현)

3. 청중 분석 및 질의응답

1) 청중 분석

좋은 프레젠테이션은 청중을 먼저 고려한다. 성공적인 프레젠테이션의 핵심은, 청중이 어떤 것에 대해 잘 알 수 있도록 청중이 이해할 수 있는 언어로 말하는 데 있다. 따라서 훌륭한 발표자는 자신의 지식을 과시하거나, 우월한 능력을 자랑하는 등과 같은 우를 범하지 않는다. 아울러 청중이 원하는 것이 무엇인지를 파악하기 위해 노력하고, 청중이 잘 알아듣게 전달하기 위해 노력한다.

프레젠테이션의 시작은 특수한 상황에서 특수한 청중에게 전달하고자 하는 내용을 설계하는 것이다. 그러므로 청중의 구성원은 누구인지, 화제에 어느 정도 관심을 갖고 있는지, 이해의 수준은 어느 정도인지 등과 같이 구체적이고 세밀한 측면까지 분석해야 성공적인 발표를 할 수 있다. 청중 분석은 발표를 준비하기 위해 가장 먼저 해야할 할 중요한 과정이다. 청중에 관한 자료를 충분히 수집한 다음 이를 바탕으로 발표 하고자 하는 화제를 조성하고, 자료를 선택한 후, 청중의 이해와 지식 수준에 맞추어 내용을 구성해야 한다.

수업시간에는 일반 발표와 달리 공손함보다는 내용적인 면에 치중한다.

그렇다 해도 품위 있고 예의 바른 태도를 갖추는 것이 기본 수칙임을 명심해야한다.

프레젠테이션 수업에서는 청중의 특성이 균질적이다.

비슷한 청중이 모여 있기에 자신의 발표 능력을 점검하기 위한 좋은 기회다.

동료 학생들은 발표자가 자신과 비슷하며, 발표에 대해 즉각적인 반응을 보여준다.

심리적인 부담을 갖기보다는 자기 훈련의 기회로 생각하면 좋다.

참고자료

청중 분석과 대응

연령	젊은 층	미래지향적 내용. 많은 양을 한꺼번에 전달
	나이 많은 층	현실지향적 내용. 핵심을 함축적으로 전달
성별	남성	숫자 통계의 활용. 관심분야와 연결할 것
	여성	정서적 요소 활용. 직접 겪은 이야기나 사례로 접근

청중의 규모와 지식 수준

규모	적은 인원	쌍방향 의사사통. 토의 질의응답. 다양한 시각자료 활용
	많은 인원	일방적 소통. 시의성 있는 주제. 발표자의 긴장도 높아짐
지식수준	전문가	충분한 근거 준비. 각론으로 접근
	일반인	총론으로 접근하고 청중이 아는 것 중심으로 설명

청중의 호감도

화제	호의적 청중	기대가 크므로 충실히 준비. 방심하지 말 것
	적대적 청중	도입부를 색다르게. 생각의 차이 인정하고 의견 경청
발표 목적	호의적 청중	입장보다는 주장에 신경 쓰기
	적대적 청중	공통점으로 출발. 근거를 먼저 제시 후 주장 드러내기
	동의는 하지만 행동하지않는 청중	망설이는 이유를 찾아내고 이유가 터무니없음을 알림

연습문제 5

◆ 'SNS와 인간관계'라는 화제를 가지고 대학교 신입생에게 발표한다고 가정하고, 자신의 발표를 듣게 될 청중에 대해 분석해 봅시다.

	분석의 범주	구체적으로 분석할 사항
1	청중의 규모	
2	청중의 심리에 미치는 상황점검	
3	화제에 대한 관심도	
4	화제에 대한 지식	
5	화제에 대한 태도	
6	제한 시간	
7	과제의 목표	

◆ 발표목적에 대한 청중의 호감도를 예상하여 발표 전략을 짜시오.

• 우호적인 청중의 경우

• 적대적인 청중의 경우

• 동의하지만 행동하지 않는 청중의 경우

2) 질의응답

(1) 질문자와 발표자는 시선을 마주한다.

(2) 질문 내용을 인정하고 답변한다. "중요한 부분을 지적해주셨습니다" 등

(3) 답변은 전체에게 하고 마지막으로 질문 당사자에게 이해 여부를 묻는다.

(4) 부정형 질문은 내용을 반복하지 않는다.(청중에게 부정적 이미지 강조)

(5) 대답 곤란한 질문 대처법

- 오류를 지적당했을 때는 실수를 인정하고 화제를 돌린다.
- 어렵거나 곤란한 질문은 상황에 따라 비슷한 내용으로 답한다.
- 적절한 대답 준비되지 못했을 때는 솔직히 "모른다"고 인정하고 추후 답변 약속한다.
- 청중 중에 전문가가 있으면 답변을 요청한다.

(6) 마무리: 청중에게 강한 인상으로 발표 내용을 강조하고, 감사의 인사를 한다.

마무리할 때 주의 사항은 다음과 같다.

① 부정적이거나 자신 없는 어조로 끝내지 않는다.(부정적 이미지)

② 마무리를 끝내기 전에 자료를 챙기지 않는다.(성급한 이미지)

③ 갑자기 끝내지 않는다.

3) 토의와 토론

- **토의**: 참여자들이 상호 협조적인 관계를 유지하면서 최선의 해결책을 모색하는 말하기 행위이며, 유사한 입장을 지니는 참여자들이 최선의 해결책과 합의에 이르는 것을 목적으로 한다. 세미나, 심포지엄. 포럼, 패널토의 등이 있다.
- **찬반토론**: 어떤 문제나 쟁점에 대해 찬반으로 대립되는 두 팀이 정해진 규칙에 따라 청중을 설득하려는 목적으로 논증을 펼치는 일이다.

토론은 파악하는 관점에 따라 여러 방식으로 구분될 수 있다.

(1) 토론의 목적

토론의 목적은 혼자서 해결할 수 없는 일에 대해서 함께 해결을 모색하는 것이다. 최선의 해결책을 모색하고 탐구하기 위해서, 그리고 불일치를 해소하기 위해 토론을 한다. 토론에서 당면한 문제를 해결하기 위해 상대방에게 논리적으로 타당한 이유 및 근거를 요구하므로 토론이 추구하는 목적을 달성하기 위해 필요한 것은 제시된 근거가 논리적으로 타당한 것인가를 판단하는 능력이 필요하다. 따라서 토론 참여자는 다음 사항을 준수해야 한다.

첫째, 토론 참여자는 상대방을 존중하고 배려해야 한다. 토론 상황에서 토론 참여자는 모두 평등하다. 따라서 토론 참여자는 상대방의 인격을 존중하고 배려해야 한다.

둘째, 자신의 주장에 대해서 적절하고 정확한 근거를 제시하려고 노력해야 한다. 적절한 논거 없이 제기하는 주장은 그저 우기는 것에 불과하다.

셋째, 상대방 견해도 옳을 수 있다는 열린 마음의 자세를 지녀야 한다.

(민주주의 사고방식과 비판적 정신에 입각한 태도이다.)

넷째, 토론 참여자는 기본적으로 진실한 태도로 토론에 임해야 한다. 토론의 목적 중 하나는 당면한 문제에 대한 문제에 대한 해결책을 모색하는 데 있으므로, 특정 계층이나 집단에 대한 감정적인 발언이나 의도적인 폄하는 바람직하지 않다.

(2) 토론의 원리

가. 논제의 종류

- 사실 논제: 특정한 사실의 진위 여부 문제(예 국내 부동산 시장 전망 부석)
- 가치 논제: 도덕·윤리·미적 판단은 수반하는 문제(예 인간 배아복제 문제)
- 정책 논제: 제도·정책·행위 시침의 채택 여부 문제(예 스크린 쿼터의 필요 여부)

나. 논점 분석

실제 토론을 위해서는 논제 선정 후 논제에 포함된 핵심 쟁점이 무엇인지 찾아내고 그 내용을 분석하는 과정이 뒤따라야 한다. 논점을 분석할 때 한 가지 염두에 두어야 할 것은 정책 논제로 실제 토론을 실행할 경우, 사실과 가치의 문제가 중요한 쟁점으로 등

장할 수 있다는 점이다. 이를 위해 사실과 가치가 복합된 논점들도 분석할 필요가 있다. 이러한 분석에서 적용될 수 있는 주요 질문에 대해 추정된 사실의 진실성 여부와 추정된 사실에 대한 해석의 적절성 여부를 충분히 검토해야 한다.

다. 자료 조사

논점 분석을 통해 해당 논제의 토론에서 거론될 주요 쟁점들을 찾았다면, 자료를 조사하고 조사된 자료들을 효과적으로 사용할 수 있도록 정리하는 작업이 필요하다.

라. 토론 개요서 작성

- 토론 개요서는 논점 분석 및 자료 조사를 기초로 작성한다.
- 토론 개요서의 상위 항목은 '논거'로, 하위 항목은 '증거자료'로 구성한다.
- 주요 논점에 대해 제시 가능한 논거들을 각각 한 문장으로 정리한다.
- 각 논거를 뒷받침하는 구체적인 증거자료들의 내용을 요약 정리한다.

마. 토론 실행의 실제

토론은 일반적으로 입론, 확인 질문 및 응답, 반론(재 반론), 숙의 시간 등의 활동으로 이루어진다. 토론 방식과 관계없이 토론의 결과는 활동을 얼마나 숙지하고 활용했는가에 따라 결정된다.

학습활동

◆ 토론 영상을 보고 지정 토론의 참여자에 대해 이야기해 봅시다.

자료

[국립정신건강센터] 2020정신건강비전포럼

◆ 핵심 요약

프레젠테이션은 파워포인트, 플래시, 동영상, 디렉터, 3D, 캐릭터, 실물 모형 등의 제작 도구에 따라 다양한 형태로 진행된다. 파워포인트를 이용한 프레젠테이션의 구성 요소는 아래와 같다.

내용 결정	• 프레젠테이션의 목적과 전략을 명확히 설정(파악) • 수신인(청중)에 대한 정보 수집·분석(의도 및 정보 욕구·내용 파악) • 프레젠테이션 주제 설정 • 프레젠테이션 스토리(시나리오)작성, 결론을 먼저 제시한다. • 프레젠테이션 시간 설정 • 프레젠테이션 시간 배분
↓	
자료 작성	• 기초 자료 수집 • 자료 분석 및 선택 • 프레젠테이션 스토리(시나리오)에 맞춰 자료 재구성 • 주제 및 내용에 따라 자료 배치 • 내용 결정 및 작성(쉬운 말로 간결하게 표현) - 청중의 감성에 호소하면서도 발표자의 이성적 냉철함을 보여줄 수 있는 구성 - 청중이 유익한 정보로 받아들일 수 있는 구성 • 프레젠테이션 내용 시각화(비쥬얼화), 한 화면에는 한 가지 내용만으로 구성 (요란·화려하지 않게, 역동적으로 구성) • 수치는 청중이 이해하기 쉽게 일상적인 것과 비교하여 제시 (원·막대·꺾은선·누적형·방사형 그래프, 사진, 그림 등을 사용) • 전문 용어나 약어 등의 사용 자제
↓	
발표 준비	• 발표장 확인 • 리허설(발표 연습), 청중 친화적인 어조와 자세 연습
↓	
프레젠테이션	◆ 서론 • 주의 유도/분위기 조성/동기 부여 • 핵심 내용(포인트) 소개 • 프레젠테이션 발표 과정 소개 ◆ 본론 • 중요 내용(핵심 포인트)제시 • 발표 집중, 신뢰감 있는 몸짓, 표정, 목소리 • 논리적 전개

프레젠테이션	◆ 결론 • 주의 환기 • 중요 내용(핵심 포인트) 요약·강조 • 질문 응답 및 최종 마무리 ◆ 청중을 가르치려 말고, 조급하게 설득하지 않는다. ◆ 중요 요지는 자주 반복 ◆ 청중의 이익을 부각 ◆ 프레젠테이션 화면과 청중을 향한 시선은 50:50을 유지 ◆ 당당하고 자신감 있는 발표

제3부

프레젠테이션의 실제

제6장

자기소개 프레젠테이션

1. 개성 있는 자기소개

자기소개의 순간은 누구나 당혹스럽다. 자신의 어떤 점을 드러내야 할지, 어느 정도 진솔해야 할지 고민이 앞선다. 또 자기소개 후 다른 사람들이 자신을 어떻게 평가할지도 걱정이다. 게다가 다른 사람들 앞에서 말할 때 얼굴이 붉어지거나 식은땀이 나는 등 발표 긴장감이 있다면 더욱 불안하다. 그러나 처음부터 두려움, 긴장감, 불안감 없이 용감하게 자기소개를 할 수 있는 사람은 드물다. 성실한 발표 준비와 실제 연습을 통해 자기소개 경험을 쌓아나가도록 하자.

일반적으로 관공서나 기업에서 사용하고 있는 '자기소개서'는 첫째, 성장배경, 둘째, 성격의 장단점, 셋째, 가치관 혹은 자기 성취, 넷째, 지원 동기, 다섯째, 포부나 계획 등의 항목을 담고 있다. 대학 입학을 위해 썼던 자기소개서도 이와 유사한 항목에 학업이나 전공과 관련한 사항이 더 들어 있을 뿐이다. 다섯 개 정도의 항목이지만 내용을 채우는 일은 쉽지 않다. 자신에 대해 잘 알고 있어야 하며, 항목에 맞게 내용을 갖추어 써야 하기 때문이다. 먼저 자기소개서 쓸 때 어떤 점을 어려워했는지 자기진단부터 해보자.

학습활동

1. 자기소개서를 쓸 때 고민했던 점과 이유를 생각해보고 의견을 나누어 봅시다.

◆ 대학 입학을 위해 자기소개서를 쓸 때 어려웠던 점은 무엇이며, 그 이유는 무엇인가?

◆ 취업을 위해 자기소개서를 쓸 때 어려웠던 점은 무엇이며, 그 이유는 무엇인가?

자기소개서 쓰기의 어려움은 다양하다. 자기소개서 쓰기의 어려움은 글의 형식보다는 글의 내용 때문이다. 정작 자신을 잘 모르기 때문에 글을 쓰기 힘들다. 지금까지 내가 어떻게 살아왔고, 어떻게 살아갈 것인지 생각해 본 경험 적고, 짧은 글로 자신을 대상화하여 글을 써 본 경험은 더 적기 때문이다. 우선 좋은 자기소개서를 쓰기 위해 자신을 잘 아는 것부터 준비하자. 자신을 잘 알아야 개성적인 자기소개글을 쓸 수 있다.

1) 나의 발견

자기소개에 앞서 자신을 아는 것이 중요하다. 자기를 잘 알아야 자신을 제대로 표현할 수 있기 때문이다. 최근 자기소개를 할 때 성격유형 검사인 MBTI를 제시하며 이런 사람이라고 말하는 경우가 많다. MBTI는 대표적인 성격유형 분류일 뿐이며, 살아가면서 성향과 성격은 변화되기도 하고 통합되기도 한다. 이런 변화를 만드는 것은 바로 자기 자신이며, 자신이 어떻게 살아가고 싶은가에 따라 성격을 바꾸기도 한다. 그런 점에서 MBTI는 자신을 아는 하나의 자료가 될 뿐이며 자신에 대한 발견과 평가는 자신이 해야 한다.

자기 발견과 자기 평가를 위해 우선 일상의 나를 돌아보자. 일상의 나를 돌아보기 위해 '내가 바라보는 나', '타인이 바라보는 나'를 기준으로 아래 항목에서 한 가지를 찾아 이야기를 나눠보자.

학습활동

1. 내가 바라보는 나

◆ 내가 좋아하는 사람과 이유/내가 싫어하는 사람과 이유

◆ 내가 좋아하는 공부와 이유/내가 싫어하는 공부와 이유

◆ 최근 내가 관심을 가진 대상과 이유

◆ 내가 살아가면서 중요하게 생각하는 가치와 이유

학습활동

2. 타인이 바라보는 나

◆ 친구에게 들었던 칭찬 혹은 조언

◆ 부모님께 들었던 칭찬 혹은 조언

◆ 선생님께 들었던 칭찬 혹은 조언

◆ 공동체 사회에서 사회적 관계를 이루는 데 중요하게 여기는 가치

2) 서사적 정체성

자신이 좋아하는 것, 싫어하는 것, 관심을 가진 것은 지금 '현재의 나'이지만 좋아하게 된 계기나 싫어하게 된 계기, 관심을 가지게 된 계기를 찾아보면 자기 삶의 궤적 속에 어떤 한 지점이 있기 마련이다. 이렇게 자기 삶의 궤적, 자기 삶의 역사에서 자신을 찾아가는 것을 '서사적 정체성'의 발견이라고 할 수 있다.

프랑스 철학자 폴 리쾨르(Paul Ricœur)는 "고정되고 균열 없는 실체인 자기 동일적 정체성이 아닌 끊임없이 만들어지고 해체되는 정체성으로 서사적 정체성"[2]을 말한다. 즉 자신이 어떤 삶을 살아온 주체인가를 파악하는 것이 필요하다. 삶의 서사는 특정한 시간과 공간에서 주체가 하는 행위, 그 행위가 유발한 사건은 시작, 전개, 마무리의 구성을 지닌다. 내 삶의 서사, 내 삶의 이야기를 가장 잘 알고 있는 사람은 '나'이다. 내 삶의 이야기에 대한 기억과 복원은 나를 알아가는 데 중요한 단서가 된다. 폴 리쾨르는 '이야기'를 시간 속에서 이질성을 띠며 파편화된 것들을 하나로 묶는 끈으로 보았다. 요컨대 파편화된 자기 삶의 이야기에서 자신의 정체성을 발견할 수 있다.

자기 정체성 발견에서 중요한 한 가지는 시점이다. '현재의 나'로서 '과거의 나'를 바라보는 것이다. 그때 그 상황에서 억울했던 일이 지금 '현재의 나'에게 즐거웠던 추억이 될 수 있으며, 그때 그 상황에서 행복했던 일이 지금 '현재의 나'에게 슬픈 기억이 될 수도 있다. 또한 그때 그 상황에서 아주 사소했던 일이 지금 '현재의 나'에게 운명적인 사건이 될 수도 있다.

독일 철학자 가다머(Hans-Georg Gadamer)는 과거의 역사적인 사건의 의미는 다양한 맥락 속에서 그 사건의 의미에 접근하고자 하는 해석자에게 그때그때 다르게 나타날 수 밖에 없으며, 그 사건은 나와 전혀 무관한 어떤 대상이라기보다는 나의 오늘을 있게 한 사건이기도 하다고 했다. 가다머는 "역사적인 사건의 이해란, 그 사건에 '영향'을 받고 있는 내가 그 사건의 의미에 대해서 묻는 것인데, 다시 나는 시시각각 변하는 역사적인 흐름 속에 놓여 있으므로 물음의 내용이 언제나 같을 수가 없다. 즉 역사적 상황 안에서의 이해이지만, 현실의 상황은 매번 달라짐으로 매번 다른 물음을 던지게 하고, 매번 다

2 폴 리쾨르, 김한식·이경래 옮김, 『시간과 이야기1』, 문학과지성사, 1999.

른 물음은 그 사건의 새로운 의미를 드러냄으로써 거꾸로 그 역사적인 사건의 의미에 영향을 미치게 된다."[3]고 하였다.

나를 발견하기 위해 마인드맵, 생각그물, 인생 그래프 등 여러 방법을 활용할 수 있다. 그중 인생 그래프를 활용하여 자신의 서사적 정체성을 알아보도록 하겠다. 인생 그래프는 시간의 흐름에 따라 사건을 중심으로 삶의 변화를 추적할 수 있기 때문이다. '서사'는 감정이나 정서를 중심으로 하는 '서정'과 달리 있었던 사건을 중심으로 한다. 사건은 사건을 일으킨 주체, 사건의 시간과 배경, 사건의 발단과 과정, 해결이 포함되는 사건의 흐름으로 구성된다. 그 사건 속에서 '발견되는 나'는 어떤 사람인지, 그 당시 사건에서 발견되는 나를 '현재의 나'는 어떤 관점에서 보고 있는지 알아보자.

참고자료

인생 그래프 사례

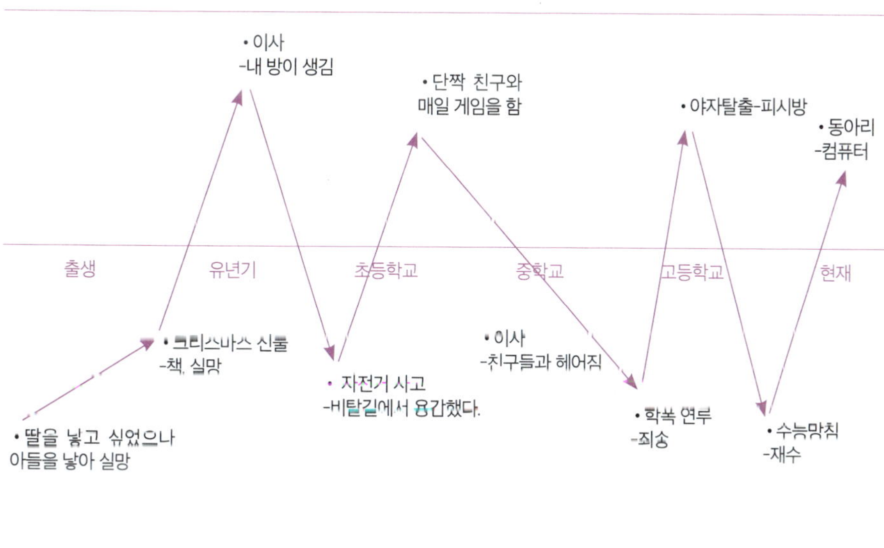

3 한스 게오르크 가다머, 이길우 외 옮김, 『진리와 방법1』, 문학동네, 2012.

학습활동

1. 나의 서사적 정체성 찾기

◆ 인생 그래프에 좌표를 찍으면서 당시 사건과 사건 속에서 자신은 어떤 사람이었는지 현재의 관점에서 파악해 봅시다.

출생	유년기	초등학교	중학교	고등학교	현재

◆ 인생의 그래프에서 '현재의 나'에게 의미 있는 세 가지 사건으로 키워드를 만들어 봅시다.

키워드1-

키워드2-

키워드3-

학습활동

◆ 현재의 관점에서 앞의 세 가지 사건을 통해 나는 어떤 사람인지 한 문장이나 구절로 표현해 봅시다.

예시

키워드: 자전거 사고, 학폭 연루, 수능 망침

→ 불운을 이겨낸 사람이다./불운을 이겨낸 나/ 불운 당첨

키워드: 게임, 이사, 야자 탈출

→ 좋은 사람과 함께 해서 행복한 사람/고맙다 친구들

연습

키워드:

→

소제목으로 활용

한 문장이나 구절로 만든 내용은 자기소개서를 쓸 때 소제목으로 활용

참고자료

자기소개서 서술의 팁

잘 만든 자기소개서 열 스펙 안 부럽다.

- 개성을 보여라. 독창적인 소개로 인상을 남기는 것이 중요하다.
- 자신을 잘 알고 있다는 것을 보여라. 자신의 장단점, 꿈과 목표를 분명히 하라.
- 자신의 인품을 보여라. 성격이 인품이 되도록 하라.
- 진솔함과 신성성을 보여라. 타인을 감동시키는 가장 강력한 무기이다.
- 소통 가능성을 보여라. 타인과 더불어 살아가기 위한 기본 조건이다.
- 구체적인 사건을 보여라. 입증할 수 있는 기록, 사진은 사실성을 부여한다.

2. 키워드 선정과 구체성 검토

1) 키워드 선정

자기소개 프레젠테이션 발표를 할 때 키워드 선정이 중요하다. 서사적 정체성에서 얻은 키워드는 삶의 궤적 속에서 자신이 어떤 사람인지 알아볼 수 있는 어휘들이지만 자신의 진로와 관련된 어휘나 이후 인생 설계와 관련된 어휘가 부족할 수도 있다. 3, 4학년의 경우 취업 분야나 취업 목적에 따라 자신의 성취를 드러내는 키워드를 선정할 수 있다. 이 경우 희망하는 기업의 인재상에 부합하는 자신의 자질을 보여주는 데 주안점을 두는 것도 필요하다.

살아온 인생 경험과 성취, 목적에 따라 주안점은 달라질 수 있지만 가장 중요한 것은 자신이 어떤 사람인가를 잘 알고 자신의 인품, 자신의 관심, 자신이 만나는 사람들과의 관계 속에서 자신을 잘 드러내도록 해야 한다. 키워드를 선정하는 데 있어 어떤 점을 고려하였는지 키워드 선정에 대한 과정 혹은 기준을 제시하는 것이 필요하다. 발표자가 키워드 선정기준을 밝히면 청자들은 키워드에 대해 쉽게 이해할 수 있기 때문이다.

키워드 선정에서 고려할 사항으로 명확성, 창의성, 통일성을 들 수 있다.

(1) 키워드의 명확성

키워드를 들었을 때 단번에 어떤 특성이 있는지 알 수 있도록 한다. 키워드를 '바다'로 하였을 때 바다의 다양한 속성들이 한 번에 떠오르므로 좋은 키워드라고 할 수 없다. 넓은 바다처럼 이해심이 넓은지, 바다의 거센 파도처럼 거센 사람인지, 바다의 잔잔한 파도처럼 유유자적한 사람인지 '바다'라는 낱말 하나로 그 사람의 성품을 단번에 알 수 없다. 구체적 어휘를 선택하여 어떤 사람인지 직관할 수 있도록 하거나 수식어를 넣어 넓은 바다, 태풍 온 뒤의 바다 등 명확하게 알 수 있도록 한다. 또 하나의 키워드가 다른 키워드와 의미가 겹쳐지지 않아야 한다. 첫 번째 키워드를 '이해심'으로 하고 두 번째 키워드를 '포용'으로 한다면 결국 하나의 이미지로 모아진다. 다섯 가지 측면을 보여줄 수 있는데 하나의 내용을 놓치게 되는 셈이다.

(2) 키워드의 창의성

창의성은 새롭고 기발한 것에서 나오는 것이 아니라 개성에서 나오는 것이다. 자기 삶의 정체성 속에서 찾은 어휘들은 이미 개성적이다. 개성적 어휘를 그대로 사용해도 좋으나 청자들의 언어 정서를 고려하여 은유적인 표현이나 상징적인 표현을 찾아도 좋다. 책 읽기를 좋아하는 학생의 경우 책 제목으로 키워드를 구성하거나 영화를 좋아하는 경우 영화 제목으로 구성할 수 있다. 또 대중적으로 널리 알려진 캐릭터로 자신을 이미지화하기도 한다. 키워드의 창의성은 키워드 단어만 튀어서는 안 되고 해당하는 내용의 구체성이 뒷받침되어야 한다.

(3) 키워드의 통일성

키워드의 언어적 배열에 관심을 가지면 정돈된 느낌을 줄 수 있다. 통일성 있는 키워드는 형식에 있어 명사형, 관용구, 각운을 살리는 형태도 있으며, 소재나 제재에 따라 통일성을 살릴 수도 있다. 그러나 형식적 통일성만 떠올리고 꽃 이름으로 맞추거나 색깔로 나열하는 경우 창의성도 구체성도 놓치게 된다.

예를 들어 자기 삶의 정체성을 무엇에 '다가가는 사람'이라고 생각하여 '사람에 다가가다, 학문에 다가가다, 세상에 다가가다, 목표에 다가가다, 끝을 향해 다가가다'로 구성하여 의미와 통일성을 살릴 수 있었다. 또 관형형으로 '괴물같은, 가성비 없는, 기능적인, 게으른, 비범한'으로 키워드를 선정하여 자신의 특징을 잘 살릴 수 있었다. 예를 들어 '백합, 튤립, 다알리아, 백일홍, 국화'로 꽃말과 꽃의 색깔로 단순한 의미 전달만 하거나 '강아지, 고양이, 비버, 다람쥐, 고끼리'로 자신이 좋아하는 동물에 비유하여 어휘의 통일성만 생각하면 개성을 놓치는 수가 있었다.

2) 키워드의 구체화

키워드 선정 후 키워드마다 구체적인 내용을 담아야 한다. 각 키워드의 구체적인 내용은 글쓰기에서 단락의 구성과 같다. 단락을 구성할 때 한 단락이 '중심문장-뒷받침문장-정리문장'으로 이루어지듯 키워드별 내용 구성도 '키워드 제시-부연-정리'의 순으로 한다.

참고 자료

단락 구성

- 키워드 제시: 명확한 키워드
- 부연: 단어의 의미, 정의, 사전적 설명, 예시, 일화, 이유, 원인과 결과 등 다양한 방식으로
- 정리: 의미, 평가, 방안 등 마무리 내용으로 정리

▪ 키워드 제시

저는 책임감 있는 사람입니다.

▪ 뒷받침 내용1(정의)

책임감은 자신이 맡은 일에 최선을 다하고, 최선을 다하였지만 잘못되었을 때도 끝까지 자신이 맡은 임무를 다하는 것을 말합니다. 저는 일에 대한 책임감뿐만 아니라 부모님이 물려주신 제 몸을 소중하게 생각하는 것도 책임감이라고 생각합니다.

▪ 뒷받침 내용2(일화)

초등학교 4학년 때 자전거를 타고 비탈길에서 누가 빨리 내려가는지 놀이를 했습니다. 겁이 없었던 저는 브레이크를 잡을 생각을 하지도 않았고, 그 결과 어떤 일이 벌어질지 예상도 못 했습니다. 결국 주차해 있는 승합차에 부딪혔고 눈을 떠 보니 병원에 있었습니다. 어머니는 놀라서 울고 계셨고, 아버지는 이만하기 다행이라고 하셨습니다. 아무 생각 없었던 나로 인해 부모님이 걱정하시는 걸 보니 정말 죄송했습니다. 또 차량 수리비까지 물어주어야 했습니다. 이후에도 중학교 때 축구를 하다가 팔을 다치기도 하고, 친구와 장난치다가 손가락 인대가 늘어나 병원에 갔던 적이 있었습니다.

▪ 평가

저는 이 모든 일들이 제가 몸을 신중하게 여기지 않아서 일어난 일이라고 생각하게 되었고 고등학교 이후 몸을 다치지 않도록 하고 몸을 건강하게 하는 것이 중요하다고 생각하였습니다. 내 몸은 내가 책임져야 한다는 생각으로 지금은 운동도 열심히 하고 있습니다.

학습활동

◆ 자신이 정한 키워드 중 한 가지를 선택하여 단락을 구성해 보자.

- 키워드 제시: 명확한 키워드
- 부연: 단어의 의미, 정의, 사전적 설명
  예시, 일화, 이유, 원인과 결과 등 다양한 방식으로 구체화
- 정리: 의미, 평가, 방안 등 마무리 내용으로 정리

◆ 키워드 제시

◆ 뒷받침 내용1

◆ 뒷받침 내용2

◆ 평가

3. 개요 작성하기

자기소개 개요표

학과: **학번:** **이름:**

<table>
<tr><th colspan="2">항목</th><th colspan="2">내용</th></tr>
<tr><td colspan="2">표지</td><td colspan="2"></td></tr>
<tr><td colspan="2">제재에 대한 자료 목록/내용
(검색-용어, 이미지, 그 외 자료)</td><td colspan="2"></td></tr>
<tr><td colspan="2">키워드 선정 기준</td><td colspan="2"></td></tr>
<tr><td colspan="2">다섯 가지 키워드</td><td colspan="2"></td></tr>
<tr><td colspan="2">키워드로 본 나의 삶을 한 문장으로</td><td colspan="2"></td></tr>
<tr><td rowspan="3">개요</td><td>도입</td><td>인사-
목차-
키워드 선정 기준-</td><td>시간</td></tr>
<tr><td>전개</td><td>키워드1
뒷받침 내용:

키워드2
뒷받침 내용:

키워드3
뒷받침 내용:

키워드4
뒷받침 내용:

키워드5
뒷받침 내용:</td><td></td></tr>
<tr><td>정리</td><td>마무리-
끝인사-</td><td></td></tr>
</table>

4. 프레젠테이션 작성과 대본 준비

1) 자기소개 프레젠테이션의 기획

다섯 가지 키워드를 선정하고 키워드에 들어갈 내용을 구성하여 개요를 구성한 다음 프레젠테이션 기획을 한다. 프레젠테이션 기획은 다섯 가지 키워드에 맞는 프레젠테이션 템플릿, 글씨체, 전개에 따른 장면의 수를 고려한다.

참고 자료

자기소개 프레젠테이션 진행 기획

▪ **내용 구성 기획**

- 표지(1장): 발표 제목(중앙) 담당 과목, 담당 교수, 제출 일자, 학과, 학번, 이름(오른쪽 하단)
- 목차(1장): 발표의 순서가 일목요연하게 드러나도록
- 도입(2~3장): 인사, 다섯 가지 키워드 선정 이유, 간단한 자기소개, 소개에 앞서 든 생각 등
- 전개(키워드별 2장, 10~13장): 다섯 가지 키워드로 자기 소개하는 구체적인 내용
  본론에 해당하는 부분이므로 소제목과 각 내용에 대한 구체적인 근거 분명하게
- 마무리(2~3장): 이후 계획, 다섯 가지 키워드 준비를 하면서 든 생각 등 마무리. 끝인사.

▪ **화면 구성 기획**

- 장면마다 글과 이미지, 사진, 동영상, 그림, 표 등 자료 활용 기획
- 글 중심의 화면 구성이나 이미지나 사진 중심의 화면 구성보다 글과 이미지가 적절하게 배합
- 제목과 내용을 보충, 보완하기 위한 이미지, 이미지를 보충 설명하기 위한 글의 형태로 구성
- 화면 구성에서 가로 구성, 세로 구성 등 화면 분할을 내용에 맞게 배치

2) 자기소개 프레젠테이션 시각화

(1) 표지

① 제목: 과목의 과제명 혹은 자신이 설정한 과제의 제목

② 과목명과 담당 교수 표기

③ 발표 때는 발표 일자, 제출 때는 제출 일자 표기

④ 학과, 학번, 이름을 정확하게 표기

(2) 목차

• **차례 제시가 분명한 목차**

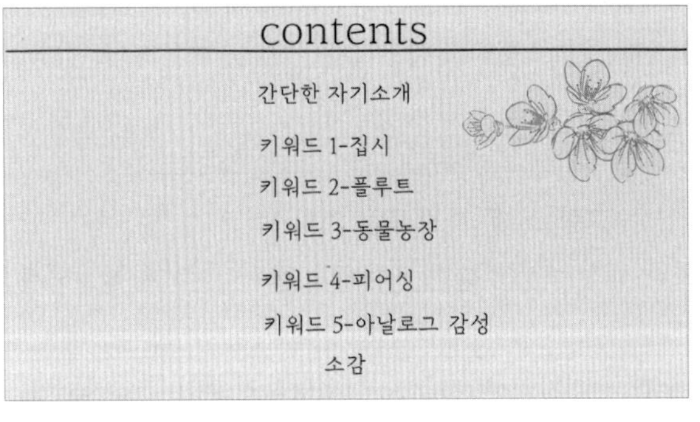

① 목차는 발표 전체의 내용이 어떻게 진행될지 청자들에게 알려주는 역할

② 도입, 전개, 결말의 구성

③ 전개에서 다섯 가지 키워드가 무엇인지 드러나게

• 키워드를 제시하지 않은 목차

① 도입에서 선정기준, 전개에서 키워드 소개, 결말에서 소감 순으로 들어갈 내용은 모두 포함

② 키워드 제시가 없음

③키워드 소개-키워드를 청자들이 알 수 있도록

• 성격이나 성향, 취미만 보여주는 목차

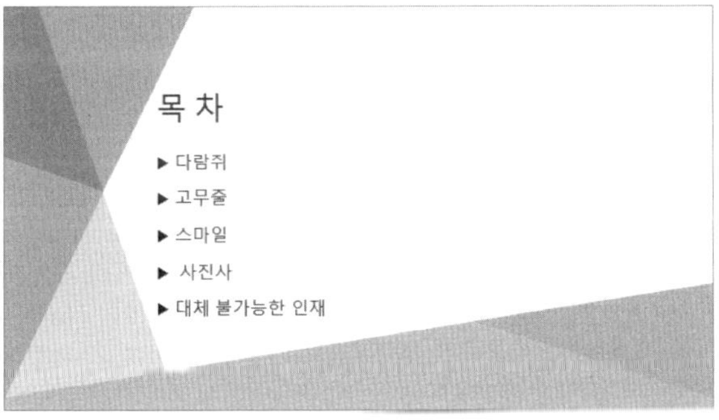

① 서사적 정체성을 고려하여 고른 창의적 키워드가 자신의 다양한 면을 보여줄 수 있도록

② 다람쥐의 성실함, 고무줄의 탄력성, 스마일의 미소, 사진 찍기 등 자신의 성향, 취미 중복됨

③ 대체 불가능한 인재와 위의 어휘와 통일성 결여

• 형식적 통일성만 갖춘 목차

① 키워드의 통일성을 우선하게 될 때 키워드에 내용을 끼워 맞추면 진실성이 결여

② 상징과 은유의 적절성. 진부한 표현이나 식상한 표현이 되지 않도록
얼음-차갑다. 불-뜨겁다 등의 단순 상징 피하기

(3) 전개

• 이미지만으로 전달하는 경우

① 이미지만으로 구체적 전달 미흡

② 이미지의 상징성이 무엇인지 글로 명확하게 제시하기

③ 글이 이미지를 명확하게 규정하지 못할 경우 전달하는 바가 짱구의 외모, 짱구의 별난 성격, 짱구의 목소리인지 알 수 없음

• 글만으로 전달하는 경우

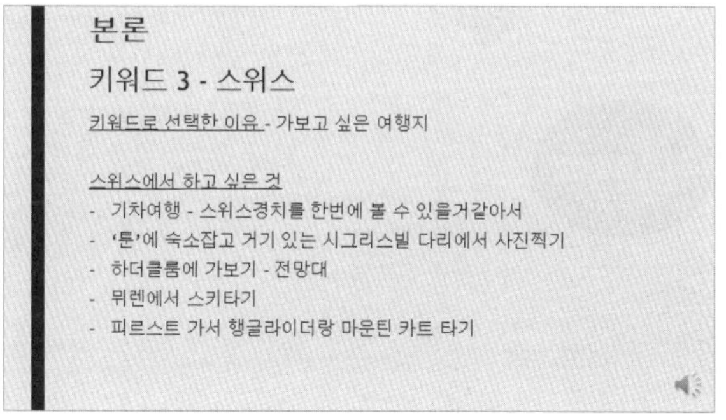

① 글만으로 구성하여 시각화 미흡

② 발표자가 읽는 것을 귀로 들어 지루함. 청자의 집중도를 떨어뜨림.

③ 설명적 프레젠테이션이나 설득적 프레젠테이션에서 정부 전달의 양이 많은 경우-요약 정리, 글의 시각화 필요

④ 글의 시각화-서체, 크기, 색깔로 이미지화 가능

• 이미지와 글의 반복

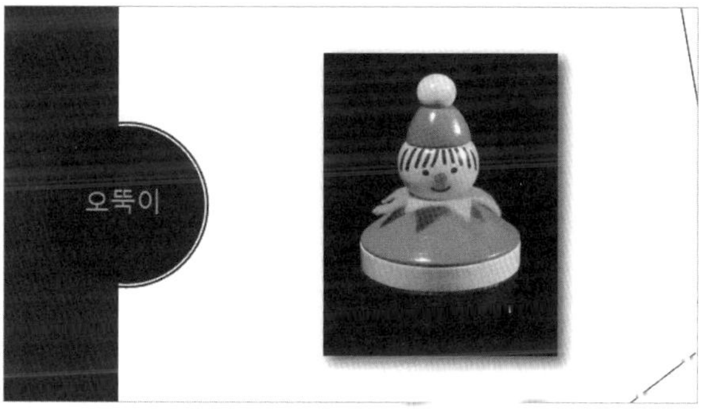

① 이미지와 글의 반복-정보 전달의 상승효과가 없음

② '오뚝이' 글자와 이미지의 동일한 전달로 의미 확장이 없음. 실패를 딛고 도전하는 구체적 내용 필요

• 이미지와 글 적절한 배합- 정보 상승

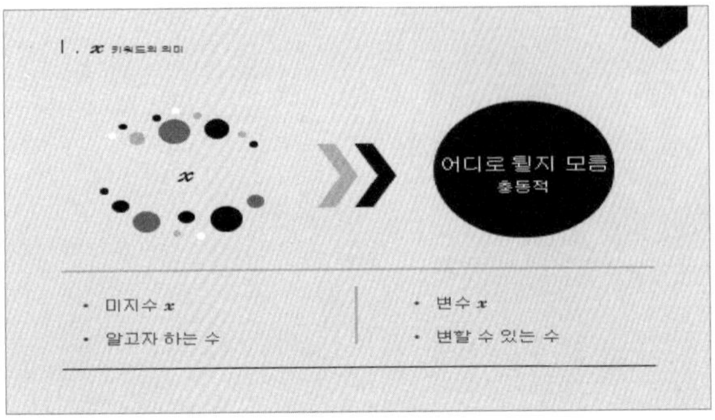

① 이미지와 글의 정보 배합

② 이미지 'X'의 의미-글 정보로 해석. 수학적 기호를 자기 삶에 적용하여 보편적인 해석으로 바꾸어 놓음

③ 이미지와 문자의 정보 상승효과- '읽는 재미'와 '듣는 재미'

④ 이미지는 문자를 반복하지 않고 문자는 이미지를 반복하지 않으면서 문자와 이미지의 상승효과로 전달력 높이기

• 정보의 진실성

① 정보의 단순 반복

② 정보의 진실성 없음

③ 성실의 의미, 가치만 설명. 자신이 성실한 사람인지, 어떻게 성실성을 갖추게 되었는지 알 수 없음

• 정보의 신뢰성-기록

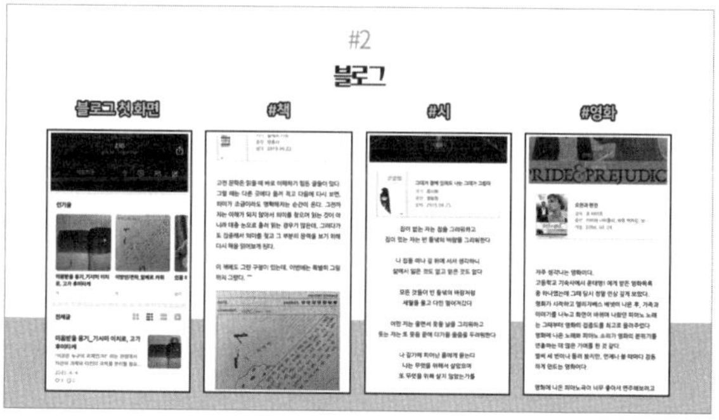

① 정보의 신뢰는 구체적 증거

② 정보의 신뢰도를 높이고 진실성을 입증함

③ 기록의 중요성

• 정보의 신뢰성-기록

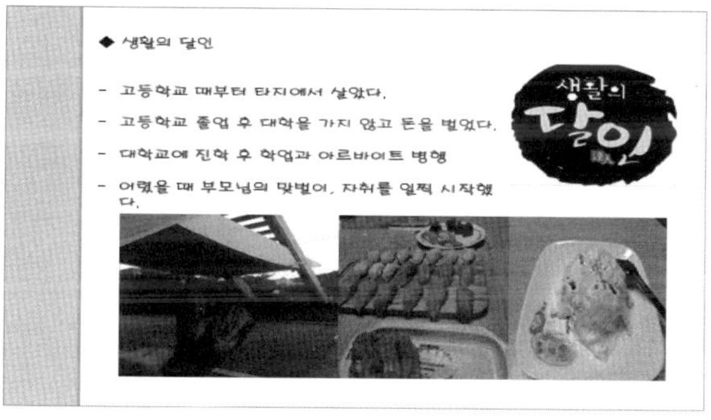

① 정보의 신뢰는 구체적 증거

② 정보의 신뢰도를 높이고 진실성을 입증함

③ 사진 기록의 중요성

3) 자기소개 프레젠테이션 대본의 준비

발표의 불안감을 줄이고, 제한된 시간에 알맞은 내용을 전달하기 위해서는 발표 대본을 준비하는 것이 필요하다. 대본을 준비하고 발표를 하는 것과 대본 없이 바로 발표를 하는 것은 큰 차이가 있다. 대본을 준비하면 발표 내용을 숙지할 수 있으며, 발표의 흐름을 전체적으로 조정하면서 제한된 발표 시간에 맞출 수 있다. 그러나 대본 준비 없이 발표를 하면 흐름을 놓치게 되거나 장황하게 말을 늘어놓아 시간 안에 발표를 못 하는 경우가 있다. 대본의 준비는 발표의 불안감을 줄일뿐만 아니라 계획적인 발표가 될 수 있도록 한다.

대본을 준비하면서 대본 대로 읽을 생각을 하면 안 된다. 그렇게 하면 발표가 아니라 자료 읽기가 된다. 대본은 준비하되 도움받을 자료 정도로 곁에 두는 것이 좋다. 발표 경험이 없을수록 대본에 의지하게 되는데 대본을 읽게 되면 청중과 시선 교환도 되지 않을 뿐만 아니라 대본을 듣는 청중들의 집중력도 떨어뜨린다. 즉, 발표에 도움을 줄 수 있는 대본을 만들어야 한다.

발표에 도움을 주는 대본은 말하듯이 쓰며, 소리 내어 읽으면서 다듬는 것이 좋다. 태블릿이나 휴대 전화기에 대본을 저장하여 참고하거나 프린트하여 종이 대본을 활용하려면 눈에 잘 보일 수 있는 편집을 해야 한다. 글자 크기나 색으로 강조할 점을 표시하거나 줄바꿈을 명확히 하여 쉴 때, 화면이 넘어갈 때를 표시해 두는 것이 좋다. 애니메이션 효과를 쓴 경우 어디에서 활용하였는지 표시해 두면 좋다. 행동이 들어가야 하는 곳에는 지문으로 표시를 해 두는 것도 도움이 된다.

대본의 구성은 프레젠테이션 기획 순서에 따라 순차적 방식으로 구성하는데 프레젠테이션 화면에 없는 부분이 바로 첫인사와 끝인사이다. 첫인사는 프레젠테이션 표지 화면을 켜 놓고 말할 준비가 되었을 때 한다. 청중들 앞에 나아가 인사를 정중하게 하고 잘 들어달라는 부탁을 한다. 인사를 하면서 여유가 있으면 오늘 본 일이나 최근 언론에 나온 이슈 중 자신이 발표할 내용과 관련성 있는 점을 들어 여유를 가질 수 있다. 그러나 준비 부족에 대한 핑계나 변명을 늘어놓아서는 안 된다. 끝인사는 끝까지 잘 들어주어서 감사하다는 내용으로 마무리하면 된다.

참고 자료

대본 사례

▪ 표지-(발표할 화면을 준비하고 바른 자세로 인사를 한다.)………………………… (20초)

안녕하세요. 경상국립대학교 ○○○학과 ○○○입니다. 지금부터 '다섯 가지 키워드로 자기소개 프레젠테이션 발표'를 시작하겠습니다.

▪ 목차 소개

먼저 목차를 보시면 첫 번째는 전체 소개 및 키워드 선정 이유입니다 ……………… (20초)

두 번째는 다섯 가지 키워드와 그에 대한 설명으로, 키워드는 '○○○', '○○○', '○○○', '○○○', '○○○'입니다.

마지막에는 느낀 점과 인사로 마무리하겠습니다.

▪ 도입-키워드를 선정하며 고민했던 부분, 키워드 선정기준, 선정하며 알게 되었던 점 등 (1분)

다섯 가지 키워드를 선정하기까지 정말 고민이 많았습니다. 다섯 가지 키워드를 신중하게 고른 만큼 여러분들이 저에 대해 잘 이해하고 알게 되었으면 좋겠습니다. 제가 선택한 키워드는 …….. 기준으로 선정했습니다.

▪ 전개……………………………………………………………………………………… (2-3분)

- 첫 번째 키워드는 '○○○'입니다. (제시)

○○○은 …… (키워드에 대한 설명, 의미, 현재적 평가)

• 두 번째 키워드
• 세 번째 키워드
• 네 번째 키워드
• 다섯 번째 키워드

▪ 마무리: 느낀 점과 인사 ……………………………………………………………… (1분)

- 느낀 점

느낀 점을 끝으로 마무리하겠습니다.

'다섯 가지 키워드로 자기소개하기' 활동을 통해 ….. 다고 생각했습니다. 또, 평소 제가 생각하는 제 모습과 친구들이 바라보는 제 모습이 다르다는 것을 알았습니다. 또 부모님의 입장에서 저를 걱정하시는 점을 잘 알게 돼서 건강관리를 잘해야겠다고 다짐했습니다. 그리고 제가 평소 단점이라 여긴 '많은 생각'은 오히려 장점으로 살려 생각이 깊은 사람으로 성장할 수 있겠다고 여겼고, 제가 바라는 삶을 이미지화함으로써 더욱 확실하게 미래를 그려나갈 수 있게 됐습니다.

- 끝인사

이상으로 '자기소개 프레젠테이션' 발표를 마치겠습니다. 들어주셔서 감사합니다.

참고 자료

대본 쓰기 방식

▪ 말하듯이 쓰기

예 그럼 다음 채널을 볼까요. '어쩌다 사장'인데요. 연예인이 슈퍼를 일정 기간 동안 대신 운영하는 프로그램인데요. 제 아르바이트 경험과 이어지는 내용인데 저는 고깃집 아르바이트를 하는 동안에 매니저 일을 하게 된 적이 있습니다. 일반 아르바이트와 달리 매니저는 전반적인 홀 관리, 결제, 부족한 재고 등을 체크하는 등 생각보다 많은 일을 담당하였습니다. 이런 활동을 통해 저는 조금이나마 리더십을 갖출 수 있는 간접적인 경험을 할 수 있었습니다.

▪ 지시문 넣어 쓰기, 끊어 말할 때 행 나누어 쓰기

예 지금 액자가 비어 있죠? (앞으로 나가서)
짠! 오로지 저에 대해 곰곰이 생각해볼 수 있는 시간을 가질 수 있었기 때문입니다!
그리고 또 생각해보니까
제가 그렇게 나쁜 사람은 아닌 것 같더라고요.
(시선 교환, 웃으며) '아, 나 그래도 잘 살았네!'라는 느낌을 받았습니다.

▪ 단락 구성 방식으로 쓰기: 주제문+뒷받침문장

예 다섯 번째 키워드는 요리입니다.

자취를 시작한 이후 요리에 관심을 가지게 되어서 자주 하다보니 마지막 키워드로 요리를 선정하게 되었습니다. 평소에도 하루에 한 끼 정도는 요리를 해서 집밥을 먹고는 했으나 지난 동계방학 기간 중 어쩌다보니 코로나에 확진이 되어서 자가격리를 했고 일주일 동안

집에서만 보내야 하니 음식을 자주 해 먹게 되었습니다. 김치찌개, 김치전과 같이 김치로 할 수 있는 음식은 레시피가 없어도 할 수 있을 정도로 완벽해졌고 최근에는 밀푀유나베, 떡볶이, 제육볶음, 파스타 같은 음식들도 하면서 요리 실력이 많이 향상되었고 주변 지인들을 초대하여 직접 요리를 해주며 좋은 반응을 이끌어 내면서 취미로 자리 잡고 있기에 요리를 마지막 키워드로 선정했습니다.

◆ 핵심 요약

- 대본의 준비: 불안감을 줄이고 발표를 체계적으로 할 수 있다.
- 대본은 준비하되 참고하기: 대본 읽기에 매달려 청중과 시선 교환이 어렵고 지루함을 유발할 수 있으니 준비하되 참고할 수 있도록 한다.

5. 학생평가지 작성

1) 학생평가지 작성의 필요성

청중을 앞에 두고 발표를 하는 것은 누구에게나 긴장되는 일이다. 일상적으로 하는 일이 아니기 때문이다. 발표를 잘하기 위해서 다른 사람들의 발표를 잘 듣고, 발표 태도를 관찰하면 자신의 발표에 도움이 된다. 학생평가지는 다른 사람의 발표를 잘 듣고 자신의 발표에 도움이 되기 위해 작성하는 것이다. 학생평가지 작성할 때 아래 사항을 유의하자.

(1) 경청과 메모

경청은 청중의 기본 태도일 뿐만 아니라 발표자가 더욱 자신의 발표에 집중하게 만든다. 경청은 상대를 존중하는 태도이며, 발표자의 말할 권리를 인정하는 것이다. 귀 기울여 듣기는 적극적인 듣기로 시선을 마주치기, 고개를 끄덕이며 호응하기 등의 태도를 말한다. 즉, 경청은 공감하고 소통하려는 청중의 기본 태도이다.

메모는 즉시 기록한다는 점에서 순간의 기록이지만 기억을 보완하는 데는 메모만큼 좋은 방법은 없다. 발표자의 발표를 들으면서 발표의 내용과 발표 태도에 대해 긍정적인 부분과 아쉬운 부분들을 메모할 수도 있다. 발표 내용에서 목차를 보고 일관성이 있다거나 전개에서 참신한 점 등에 대해 메모할 수 있다. 발표 태도에서 인상적인 인사법이나 긴장 상황에 대처하는 방법 등에 대해 메모할 수 있다. 이런 비평적 메모는 자신의 발표 준비에 도움이 된다.

(2) 평가의 객관성 유지

학생평가지 작성할 때 객관성을 유지하며 평가를 해야 한다. 친분이 있거나 없거나 자신에게 관심이 있는 분야이거나 없는 분야이거나 상관없이 발표자의 발표를 객관적으로 평가하는 것이 필요하다. 우리 사회에서 정치 분야와 성(性)과 관련한 주장은 이분법적 사고에 의한 양립이 두드러진다. 상대의 주장에 대해 혐오 표현도 심심치 않게 나타난다. 발표자의 견해에 선입견을 가지고 대하지 말고 근거가 타당한지, 신뢰할 수 있는 자료인지 판단하는 것이 필요하다. 여성과 남성의 역할과 가치에 대해 나와 다른 의견을 발표하더라도 혐오적 시선을 거두고 발표자가 어떤 근거로 주장하는지 귀담아 들어야 한다.

우리는 다양한 견해를 가진 사람들과 함께 살아가고 있다. 평소 나와 다른 견해를 가진 사람들이 존재하기에 차이를 인식하고 더 나은 방법을 찾을 수 있다. 근거의 타당성, 자료의 신뢰성에 따라 객관적 평가를 할 때 자신의 편견을 점검할 수 있다.

2) 다섯 가지 키워드로 자기소개하기 평가 항목

(1) 키워드 선정의 참신성

키워드는 익숙하고 진부한 것보다 참신한 것이 좋다. 키워드의 참신성은 일반적으로 좋은 가치를 지닌 어휘를 나열하지 말아야 한다. 자기소개에 흔히 사용하는 성실성, 열정, 봉사 정신, 리더십 등 이런 어휘들보다 자신의 삶을 돌아보고 자기 경험 속에서 발견하게 되는 어휘를 고르는 것이 좋다. 남들이 바라는 좋은 인간상에서 벗어나 자신의 삶을 돌아보고 자신의 서사적 정체성에서 어휘를 찾으면 개성 있는 어휘, 참신한 어휘를 발견할 수 있다.

(2) 키워드 설명의 구체성

키워드 제시만으로 자신이 어떤 사람인지 보여줄 수 없다. 키워드를 설득력 있게 만드는 것은 내용의 구체성이다. 키워드를 뒷받침하는 구체적인 내용이 있어야 내용에 대한 신뢰감을 줄 수 있다. 예를 들어 요리를 잘한다면 자신이 직접 요리한 음식 사진들을 보여주거나 건강을 잘 관리하는 사람이라면 자신의 운동 기록을 보여줄 수 있다. 자신의 다이어트 기록이나 수상 기록들을 제시하여 노력하는 사람임을 보여 줄 수도 있다. 혹은 주변 사람들의 평가나 조언 등을 활용할 수 있다. 내용의 구체성을 확보하기 위해서는 자기 삶의 기록이 필요하다.

(3) 키워드의 통일성

'통일성'은 키워드들이 개인의 다양한 면을 보여주되 하나의 흐름이 있는가를 확인해보는 것이다. 일반적인 사기소개서에서 성장 과정, 가치관, 성격, 진로 등 다면적인 소개를 요구하는 것처럼 다섯 가지 키워드를 통해 나의 다양한 면들을 보여주어 주는 것이 좋다. 다양한 면에서 전체적으로 신뢰가 가는 사람이라는 인상을 줄 수 있다. 키워드가 중복되지 않는지 혹은 내면적 가치만 나열한 것은 아닌지, 취미생활만 알려주고 있는 것은 아닌지 점검해 볼 수 있다. 어휘 형태의 면에서도 다섯 가지 키워드가 명사형이거나 관용어이거나 비슷한 형식을 가지는 것도 좋다.

(4) 자기소개의 진실성

자기소개의 내용이 진실인지 혹은 거짓으로 꾸미고 있는지 글과 이미지에서 드러난다. 거창하게 포장한 난어나 광고용 이미지를 가져오는 것보다 자기 삶에서 구체성을 입증할 수 있는 키워드, 자기 삶의 기록을 담은 이미지를 사용하면 진실성도 갖추어지기 마련이다. 진실성에서 한가지 추가할 점은 자신의 흠결 또한 잘 알고 있어서 부족한 점을 바꾸려고 하는 모습도 진실한 사람이라고 할 수 있다. 실패의 경험이 어떤 지혜를 주었는지 쓰는 것도 좋다.

(5) 피피티 활용의 효율성

프레젠테이션이 자신을 알리려는 의도와 잘 어울리는 이미지를 살렸는지, 이미지와 글의 관계가 조응하고 있는지, 청중들이 쉽게 알아볼 수 있는 구도로 작성하였는지를 검토해야 한다. 글만 제시하거나 이미지만 제시하여 시각적 정보 전달에 부족함이 있는지 판단해 보아야 한다.

3) 자기소개하기 학생평가지

자기 소개하기 학생평가지

학과: **학번:** **이름:**

	발표자 이름	키워드 선정의 참신성 (10)	키워드 설명의 구체성 (10)	키워드의 통일성 (10)	자기소개의 진실성 (10)	피피티 활용의 효율성 (10)	합계 (50)
1							
총평							
2							
총평							
3							
총평							
4							
총평							

제7장

연구주제 프레젠테이션

어떻게 살아야 하는가, 어떻게 살아야 잘 사는 것인가에 대한 물음은 자신의 세계관과 직결되며 이 물음에 대한 해답을 찾기 위해서 개인의 판단과 가치관이 중요하다. 복잡다단한 세상에서 어떤 가치관을 가지고 어떻게 살아갈지 생각의 갈피를 잡지 못하면 다수의 의견에 휘둘리게 되고 다른 사람들의 의견을 불신하고 들으려 하지 않으면 독단에 빠질 수 있다. 세상에 대한 자신의 문제의식이 타당한 주장이 될 수 있는지, 자신의 주장이 다른 사람들을 논리적으로 설득할 수 있는지 알아보자.

1. 문제의식과 주제 선정

세상을 변화하고 발전시키는 것은 바로 세상에 대해 "왜?"라는 질문을 하는 데서부터 시작한다. 주변에서 일어나는 현상에 대해 '왜?'라는 질문을 던지는 것이 바로 문제의식이며 질문의 구체적 답을 찾아 자신의 의견을 만들게 되면 자기만의 가치관이 형성된다.

1) 칼럼으로 읽는 필자의 문제의식

[김누리 칼럼] 민주주의의 성패는 교실에서 갈린다

교실에서 민주주의자를 길러내지 못하는 나라는 결코 기품 있는 선진국이 될 수 없다. 이제부터 우리 교실에서도 성숙한 민주주의자를 길러내야 한다. 그러기 위해서는 경쟁교육을 지양하고, 학생에 대한 민주시민교육을 강화하며, 교사의 정치적 시민권을 복원해야 한다.

한국 교육의 '영혼'인 경쟁 이데올로기는 파시즘의 이데올로기를 닮았다. 한국의 교실은 성숙한 민주주의자를 기르는가, 아니면 잠재적 파시스트를 기르는가.

김누리(중앙대 교수·독문학)

민주주의가 결판나는 곳은 투표장이 아니라 교실이다. 교실은 민주주의의 훈련장이기에 한 나라가 성취한 민주주의의 수준은 교실에서 결정된다. 우리가 위대한 광장 민주주의의 전통에도 불구하고 여전히 성숙한 민주사회에 이르지 못한 이유는 무엇보다도 교실에서 성숙한 민주주의자를 기르지 못했기 때문이다.

지금 대한민국은 거대한 위기에 처해 있다. '불평등'은 세계 최고 수준이고, '불공정'은 공동체의 존립 자체를 위협하고 있으며, '차별'은 사회적 약자의 삶을 벼랑으로 내몰고 있다. 이 위기를 극복하려면 먼저 위기의 본질을 파악해야 한다.

대한민국의 위기는 본질적으로 민주주의의 위기다. 최악의 불평등, 불공정, 차별은 바로 한국 민주주의의 결함을 보여주는 것이다. 불평등은 경제 민주화의 부재에 근본 원인이 있고, 불공정은 사회 민주화의 결함에서 기원하며, 차별과 혐오는 문화 민주화의 결여와 밀접한 관련이 있다. 정치 민주화는 어느 정도 이루었지만, 사회, 경제, 문화 민주화가 거의 이루어지지 않은 현실이 불공정, 불평등, 차별과 혐오의 사회를 만든 주범인 것이다.

"민주주의에 '반'하는 파시즘보다 민주주의 '속'에서의 파시즘이 더 위험하다." 테오

도어 아도르노가 1960년대 독일 사회에 팽배한 '일상의 파시즘'을 비판하며 던진 이 말은 오늘날의 한국 사회에도 그대로 적용된다. 지금 한국에서 '민주주의에 반하는 파시즘'의 시대는 독재자 전두환과 노태우의 죽음과 함께 최종적으로 끝났다. 그러나 '민주주의 속에서의 파시즘'은 여전히 살아 있을 뿐만 아니라 더욱 기승을 부리고 있다. 경쟁주의, 우열의식, 강자 동일시, 약자 혐오, 동조 습성, 폭력성, 공격성, 흑백논리 등 권위주의적 성격으로 드러나는 '일상의 파시즘'은 사라지기는커녕 더욱 기세를 떨치고 있다.

이처럼 '민주주의 속에서의 파시즘'이 사라지지 않고 오히려 세를 넓히는 현상은 무엇보다도 잘못된 교육에 근본 원인이 있다. 한국의 교실은 성숙한 민주주의자를 기르는가, 아니면 잠재적 파시스트를 기르는가. 이 물음에 답하기 위해서는 대한민국 교육이 기른 '전교 1등들'이 보인 최근의 행태만 둘러보아도 충분하다. 코로나 이후 사회적으로 요청된 공공병원 확장에 반대하는 시위에 나선 의사들, 양승태 대법원장의 사법농단에 관여한 판사들에게 계속 무죄판결을 내리는 판사들, 피의자로부터 향응을 대접받은 검사들에게 불기소 처분으로 일관하는 검사들 — 이들이 모두 한국 교육이 키운 최고의 모범생이었다는 사실은 한국 교육이 성숙한 민주주의자가 아니라 오만한 엘리트, 일상적 파시스트를 길러냈음을 증언하는 것이다.

왜 이렇게 되었을까. 거기엔 세 가지 이유가 있다. 첫째, 한국 교육의 '영혼'인 경쟁 이데올로기가 깊은 의미에서 파시즘의 이데올로기이기 때문이다. 독일의 나치즘을 보라. 그들은 이 세계를 '거대한 경쟁이 벌어지는 정글'로 보았고, 그 정글에서는 적자생존, 자연도태, 약육강식이라는 다윈의 법칙이 작동하는 것으로 보았으며, 강자가 약자를, 우월한 자가 열등한 자를 지배하는 것이 '순리'라고 생각하지 않았던가. 경쟁 이데올로기에는 이처럼 파시즘의 논리가 바탕에 깔려있는 것이다. 둘째, 학생을 '정치적 미숙아'로 보기 때문이다. 한때 독립운동과 민주화운동의 기수였던 (중고등)학생들이 군사독재 정권이 들어선 이후 정치로부터 '보호'해야 할 대상으로 평가절하되었다. 셋째, 교사들이 '정치적 금치산자' 취급을 당하고 있기 때문이다. 한국의 교사는 경제협력개발기구(OECD) 국가 중에서 유일하게 정치적 시민권을 박탈당하고 있다. 생각해보라. 파시즘적 이데올로기 아래에서 '정치적 미숙아'가 '정치적 금치산자'에게 교육을 받는 교실에서 어떻게 성숙한 민주시민이 자라날 수 있겠는가.

최근 중요한 정치 법안이 통과되었다. 이제 18살 고등학생도 국회의원이 될 수 있는 길이 열렸다. 우리도 다른 선진국처럼 10대 국회의원을 볼 날이 머지않았다. 이제 '선진국' 시민으로서 분명히 자각해야 한다. 10대는 더이상 정치적 미숙아가 아니며, 교사는 더이상 정치적 금치산자가 아니다. 이제 우리 교실도 성숙한 민주주의자를 기르는 묘판이 되어야 한다. 그래야만 한국 사회에 깊이 뿌리박힌 불공정, 불평등, 차별·혐오의 문제를 풀 수 있다.

교실에서 민주주의자를 길러내지 못하는 나라는 결코 기품 있는 선진국이 될 수 없다. 이제부터 우리 교실에서도 성숙한 민주주의자를 길러내야 한다. 그러기 위해서는 경쟁교육을 지양하고, 민주시민교육을 강화하며, 교사의 정치적 시민권을 복원해야 한다.

- 심누리, 「민주주의의 성패는 교실에서 갈린다」, 『한계레신문』, 2022. 1. 4, https://www.hani.co.kr/arti/opinion/column/1025904.html, 2022. 7. 21.검색

◆ 핵심 요약

글쓴이의 문제의식

- 도입: 한국 사회의 불평등, 불공정의 근본 문제-민주주의의 위기
- 전개1: 내재된 파시즘, 일상의 파시즘-경쟁주의, 우열 의식, 강자 동일시, 약자 혐오, 동조 습성, 폭력성, 공격성, 흑백논리
- 전개2: 근거-잠재적 파시스트를 길러온 교육: 의사, 법조인, 지식인
- 전개3: 경쟁적 이데올로기, 학생들을 정치적 미숙아로 평가절하, 교사들을 정치적 금치산자로 묶어둠
- 결말: 교육의 변화 강조

학습활동

◆ 글쓴이가 생각하는 문제의식에서 동의하는 점과 동의하지 않는 점이 무엇인지 토의해 봅시다.

- 민주주의의 위기인가?
- 내재된 파시즘뿐만 아니라 사회의 경제적 요인, 국제 관계의 요인, 인간 내면의 근본적인 원인은 없는가?
- 자신이 생각하는 우리 사회의 문제점은 무엇인가?

2) 자신이 생각하는 문제의식

자신이 생각하는 문제의식은 어떤 분야에 대한 것인지 알아보자. 다른 사람들은 어떤 분야에서 어떤 문제의식을 가지고 있는지 표에 정리해 보자.

정치·경제	
교육·문화	
사회 제도	
과학기술	

2. 주장과 타당성 검토

1) 문제의식으로 주장의 명제화

예시 1

제재: 청소년 범죄

- 문제의식 ➜ 청소년 범죄가 잔혹해지고 있으나 처벌은 솜방망이다.
  ➜ 연령을 낮춘다고 청소년 범죄가 줄어들까?
- 주장 ➜ 청소년 범죄를 줄이기 위해 촉법소년법은 바뀌어야 한다.
  ➜ 청소년 범죄, 법적 제제로 해결해서는 안 된다.
- 제목 ➜ 범죄를 부추기는 촉법소년법
  ➜ 청소년 범죄, 제재보다 관심과 사랑으로

예시 2

제재: 노키즈존

- 문제의식 ➜ 노키즈존은 아이들에게 방해받고 싶지 않은 선택이지만 아이들에게는 차별적인 대우이다.
  ➜ 타인에게 피해를 주는 어린이들, 노키즈존은 필요하다.
- 주장 ➜ 노키즈존, 누군가를 배제하는 것보다 함께 하는 것으로 바뀌어야 한다.
  ➜ 통제되지 않는 아이들은 손님들에게 피해를 준다.
- 제목 ➜ 노키즈존의 어린이 배제는 정당하지 않다.
  ➜ 어린이들에게 방해받지 않을 손님들의 권리

학습활동

◆ 자신이 연구주제로 발표할 사안에 대해 문제의식, 주장, 제목의 순으로 정리해 봅시다.

문제의식	
주장	
제목	

참고 자료

주장의 명제화

- 주장은 명제가 되어야 한다.
- 명제와 논증

· '참' 또는 '거짓'임을 확인할 수 있는 판단을 서술문 형식으로 나타내는 것을 명제(proposition)라고 한다.

· 어떤 것을 주장하기 위해서는 자신의 판단을 서술형의 문장으로 제시하기

· 논증은 '참'이나 '거짓'임을 확인할 수 있는 몇 개의 주장, 즉 판단들로 이루어진다.

· 논증은 일정 명제가 참임을 뒷받침해 줄 수 있는 다른 명제에 의해 이루어진다. 그러므로 명제들의 집합, 혹은 그런 뒷받침 과정 자체를 논증이라 할 수 있다.

2) 논증하기

자신의 주장이 타당한지, 근거에 대한 반박 가능성은 없는지 학생들과 토의한다. 문제점을 항목화하거나 해결방안을 항목화할 때 도움받은 자료는 이후 <참고문헌>으로 기록한다.

(1) 주제 발표를 할 내용의 문제점과 원인을 찾기

- 자료 찾기-뉴스, 책, 논문 등에서 문제의 원인을 분류
- 문제점과 원인을 항목화하기

(2) 해결방안 제시하기

자료를 찾아 해결방안을 항목화한다.

(3) 토의: 문제점의 원인과 해결방식에 대해 검토

- 주장과 문제점, 해결방안의 일관성
- 문제점 및 원인의 항목화 타당성
- 해결방안의 타당성, 구체성, 참신성
- 반박 가능성

참고 자료

논증에서 고려할 점

▪ 논증(Argumentation)

· 아직 명확하게 밝혀지지 않았거나 의견이 다를 수 있는 사항에 대해 자신의 견해를 제시하여 독자에게 그 주장에 동조하도록 하는 글쓰기 방법

· 참여자들이 문제가 되는 타당성 주장을 주제화하고 그것을 논거(Argument)를 통해 뒷받침하든가 혹은 비판하려고 시도하는 대화 형태

· 진리의 탐구, 옳고 그름의 판단, 타인의 설득 등을 목적으로 하여 이루어지는 합리적인 의사소통 행위

· 논리적 주장을 말하는 것으로서 어떤 주장의 진리성을 입증하는 서술방식. 또한 타당한 근거나 이유를 제시하여 그 주장을 정당화하며 논리적 증명을 시도하는 것

▪ 논거(Argument)

· 자신의 주장을 증명하기 위한 논리적인 근거

· 효과적인 논증을 위해서는 주장의 정당성을 확보해 줄 수 있는 타당하고 구체적인 논거가 필수적

· 아무리 그럴듯한 주장이라도 제대로 된 논거가 없으면 설득력을 잃을 수밖에 없음

▪ 사실 논거

· 사실적 정보, 일반화된 지식, 직접 체험한 사실, 역사적 사건, 조사 결과, 통계 수치 등

· 찬성 측이나 반대 측이나 모두 공통적으로 인정할 수밖에 없는 사실

· 신뢰성 확보에 중요한 근거

▪ 소견 논거

· 해당 분야의 전문가나 권위자의 의견, 목격자의 증언, 경험자의 판단 등

· 소견 논거를 제시할 때는 타당성을 따져 보고 다른 논거는 없는지 잘 판단해야 함

3. 개요 작성하기

앞선 논증 과정을 바탕으로 연구주제 발표 개요를 작성한다. 개요는 다음과 같이 도입, 전개, 마무리의 순으로 발표의 흐름을 고려하여 작성한다. 앞선 논증 과정 준비를 제대로 하였다면 도입과 마무리 부분을 채우는 과정이 될 것이며, 전개의 내용에 대한 검토, 보충 정도로 작성할 수 있다. 그러나 앞선 논증 과정의 준비가 부족하다면 개요작성을 하면서 다시 자료 찾기를 통해 수정 보완이 필요하다.

개요작성은 계획적인 발표 내용 구상을 위해 중요하며, 내용의 체계를 한눈에 알 수 있어 논리적 타당성을 점검하는 데도 필요하다. 개요작성에 많은 시간을 들이는 것은 아깝지 않은 시간이기에 숙고하여 개요를 짜야 한다.

1) 제목

주장이 드러나게 제목을 정한다. 좋은 제목이 떠오르지 않으면 주장을 제목으로 해도 무방하며 작성하고 난 뒤, 혹은 발표 전까지 제목은 수정할 수 있다. 제목을 수정할 때는 주장이 잘 드러나는 제목인가, 제목을 듣고 청중이 내용을 바로 파악할 수 있는가이다.

2) 도입

도입은 주제 발표의 문제 제기를 위한 단계이다. 최근의 사례, 문제의식을 가지게 된 계기, 앞으로 발표할 방향 등을 담을 수 있다.

3) 전개1

주장하려는 문제의 원인, 문제점을 분석하여 항목별로 제시한다. 항목마다 근거가 구체적이어야 한다. 이때 표나 자료 등이 있으면 활용할 수 있다. 문제점으로 인식할 수 있도록 비교, 대조할 수 있는 자료를 근거로 활용하면 좋다.

- 주의할 점: 자신의 문제의식에 맞는 자료 검색이 필요하다. 인터넷 뉴스나 자료, 논문에 의존하게 되면 발표자의 주제 발표가 아니라 다른 사람의 주장을 인용하는 내용에 그치게 된다.

4) 전개2

해결방안을 항목별로 제시하고 근거를 든다. '전개1'에서 제시한 문제점에 따라 해결방안을 모색한다. 해결방안을 뚜렷하게 제시할 수 없는 경우 어떤 방향에서 대안을 모색해야 하는지, 사회적 합의를 이루어가야 하는지 제시할 수 있다.

- 주의할 점: 억지 해결이나 모두 노력하자는 캠페인 식의 해결이 되지 않도록 한다. 정부가 나서 해결해야 한다는 당위의 말보다 작으나마 해결점에 다가갈 수 있는 자기만의 방안이 담기도록 해보자.

5) 마무리

주장의 강조를 위해 사자성어나 속담 등으로 공기의 흐름을 바꾸어 환기하는 것도 좋고, 자신의 주장에 반대되는 의견을 제시하여 반론에 대한 반박으로 마무리 지어도 좋다.

- 주의할 점: 주장의 반복으로 마무리하게 되는 경우 청자들은 주장에 대해 깊이 있게 생각해 볼 여지가 없으며, 발표자가 자신의 주장만 일방적으로 주장한다는 생각을 갖게 된다.

학습활동

연구주제 프레젠테이션 발표 개요표

학과: 학번: 이름:

제재	
제재에 대한 기존 논의 자료 목록/내용 (검색-인터넷 기사, 논문, 저서)	
문제의식	
주장	
제목	
논거 (본론의 핵심 내용)	논거1:
	논거2:
	논거3:
도입	중심문장: 뒷받침 내용:

전개1 문제점이나 원인 분석	중심문장: 뒷받침 내용: 중심문장: 뒷받침 내용: 중심문장: 뒷받침 내용:
전개2 해결방안	중심문장: 뒷받침 내용: 중심문장: 뒷받침 내용:
마무리	중심문장: 뒷받침 내용:

예시

개요 예시

제재	공교육의 문제
제재에 대한 기존 논의 자료 목록/내용 (검색-인터넷 기사, 논문, 저서)	1. 김선호, 『(국제경쟁력을 키우는)대학입시제도와 대학교육』, 서울: 장락, 1999. 2. 문정주 「사회적 계층 수준에 따른 대학입시제도 인식 분석: 담론과 실제 인식 간의 괴리를 중심으로」, 한국교원대학교 대학원 석사학위논문, 2020. pp.1-70. 3. 정양순, 「공교육 정상화 정책의 패러독스, 교사, 학부모 인식을 중심으로」, 『교육행정학연구』 39권3호, 한국교육행정학회, 2021, pp.121-161. 4. 박치영, 「입시 제도보다 교육의 목적부터」, 『영남일보』 오피니언, 2022.10.25. (https://www.yeongnam.com/web/view.php?key=20221025010002974), 2022. 10. 30. 검색. 5. passionatelee, 「미국대학 입시는..Holistic Admission」, 2022. 10. 25., (https://passionproject.co.kr/), 2022. 10. 30. 검색.
문제의식	경쟁, 입시의 교육제도를 벗어나야 한다.
주장	입시를 위한 학교, 취업을 위한 학교가 아니라 놀이학교, 여행학교 등 학교가 다양해져야 한다.
제목	<주장이 드러나는 제목> 다양한 학교, 다양한 선택
도입	<최근 사례, 문제의식의 계기 등으로 문제 제기> **중심문장**: 영국 서머힐 학교. 영국의 엄격한 교육방식에 맞선 자유로운 학교 **뒷받침 내용**: 존 버닝햄의 『지각대장 존』 그림책, 영국의 엄격한 훈육식 교육의 문제점, 우리나라 교육의 입시와 경쟁 문제의 해결이 다양한 학교와 다양한 선택에 있음.

전개1 문제점이나 원인 분석	**중심문장**: 획일화된 학교, 입시만을 위한 학교들이 좋은 학교로 인식. **뒷받침 내용**: 외국어 고등학교, 과학고등학교의 서울대 합격률 사례. 자료 1. 특목고 서울대 합격률(최미애, 「특목고 학종 합격률 일반고보다 높았다」, 『영남일보』, 2019.11.06. https://www.mimint.co.kr/bbs/view.asp?strBoardID=news&bbstype=S1N12&bidx=1849250), 2022.10.30. 검색 **중심문장**: 취업을 위한 다양한 학교들에 대한 사회적 폄하 **뒷받침 내용**: 다양한 목적의 학교에 대한 사례 자료 2. 다양한 학교에 대한 졸업생과 일반인의 인식-인터뷰 기사 **중심문장**: 입시 경쟁을 벗어난 대안학교에 대한 사회적 인식 **뒷받침 내용**: 비인가의 문제와 귀족학교라는 인식 자료 3. 대안학교의 다양성, 창의성 프로그램 자료 자료 4. 대안학교 문제점 인터넷 기사
전개2 해결방안	**중심문장**: 학교는 입시보다 인성과 관계를 형성할 수 있는 곳이어야 한다. **뒷받침 내용**: 학교 프로그램의 다양화 필요. 동아리 활동, 봉사활동, 체험활동 자료 5. 현대사회에서 학교의 역할-『아이의 미래를 바꾸는 학교 혁명』 도서 **중심문장**: 사회적 인식의 변화-학력으로 사람을 평가하는 사회 바꾸기 **뒷받침 내용**: 고학력자들의 사회적 범죄, 무책임성 자료 6. 고학력자의 범죄-인터넷 기사 자료 7. 인성 교육의 중요성-논문 **중심문장**: 다양한 학교에 대한 사회적 인식 변화와 정부의 적극적 관리 **뒷받침 내용**: 특목고 폐지 논란, 중심은 목적에 맞게 학생들의 재능을 키울 수 있는 학교로. 대안이라는 이름으로 무책임하게 운영되는 학교에 대한 단속도 필요 자료 8. 특목고 논란-기사
마무리	주장의 강조, 환기, 반론 존 버닝햄의 『지각대장 존』 그림책, 학교 가는 길에 아이에게 나타난 사자, 파도, 악어는 학교 가는 길의 행복함을 의미 학교 가는 길이 행복할 권리 높은 대학 합격률보다 아이들이 행복한 학교가 좋은 학교

4. 프레젠테이션 작성과 대본 준비

예시

• 다음은 프레젠테이션을 작성하고 난 뒤 대본을 준비한 학생 사례이다.

인사
자기소개
발표 제목 소개 ······················30초

안녕하십니까. 사회제도 분야에서 성범죄자 신상 정보에 대한 신속한 갱신 필요성에 대하여 발표를 하게 된 ○○학과 ○○학번 ○○○이라고 합니다.

목차 소개···························20초

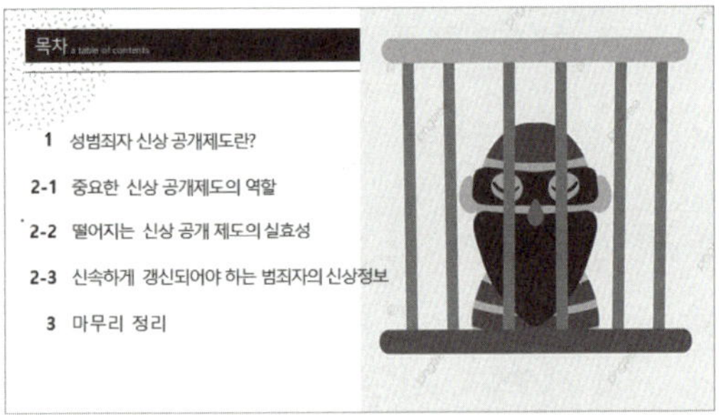

먼저, 성범죄자 신상 공개제도에 대하여 간단히 설명을 드리고 순서대로 신상 공개제도가 중요하다고 생각하게 된 배경, 실효성이 떨어지는 신상 공개제도의 문제점, 그에 대한 해결방안 그리고 마무리 정리를 하며 발표를 진행해보도록 하겠습니다.

도입-문제 인식과 문제 제기 최근 사례 혹은 개념 설명 ·······················2분

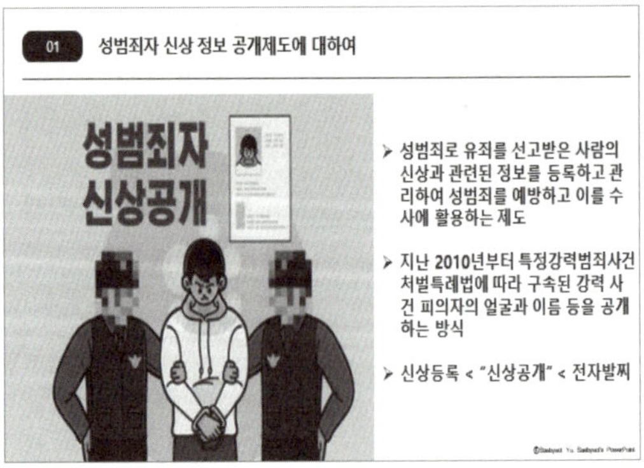

우선, 성범죄자 신상 정보 공개제도에 대하여 설명을 드리자면, 지난 2010년부터 특정강력범죄사건처벌특례법에 따라 구속된 성범죄 피의자의 얼굴과 이름 등을 공개하는 방식으로 이뤄지는 제도이다. 참고로 성범죄 형벌에 무거운 정도를 보자면 신상등록<신상공개<전자발찌 순으로 중간정도에 해당합니다.

제시되어 있는 매년 전자발찌 훼손자 수의 통계 자료와 관련 기사를 보시면 아시겠지만 성범죄형벌 중 가장 무거운 형벌인 전자발찌를 훼손하는 일이 빈번하게 일어나고 있습니다. 이를 보고 저는 일반인들은 누가 전자발찌를 찼는지 안찼는지 육안으로 직접 확인하는 것 말고는 알 수 없을뿐더러 훼손하는 일이 빈번하게 일어나니 현재로서는 성범죄자의 신상 정보를 제공하는 '성범죄자 알림e' 사이트가 훨씬 더 일반인들이 인지하고 주의하는 데 더 중요할 것 같다는 생각을 하게 되었습니다.

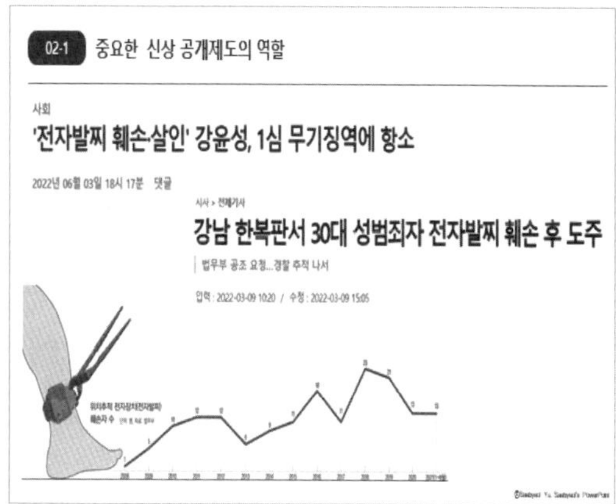

전개1-문제점과 근거 ·················3분

여기서 '성범죄자 알림e'란 성범죄 재발 가능성을 막기 위해 여성가족부와 법무부에서 만든 사이트이고, 성명, 주민등록번호, 주소 및 실제 거주지, 직업 및 직장 등의 소재지, 연락처, 신체정보, 소유 차량의 등록번호에 대한 정보들을 공개합니다.

그리고 보시는 바와 같이 '성범죄자 알림e'에서 신상 정보 갱신 속도가 느리거나 제때 하지 못하고 또 다른 경우는 매년 12월 31일까지 사이트에 등록된 성범죄자는 경찰서로 와야 하는데 오지 않는 등의 경우가 있다고 합니다. 이는 법무부는 성범죄자 등록정보 관리, 여성가족부는 알림e 사이트 공개와 관리, 경찰은 대상자 관리와 현장 확인 업무를 맡고 있는데,

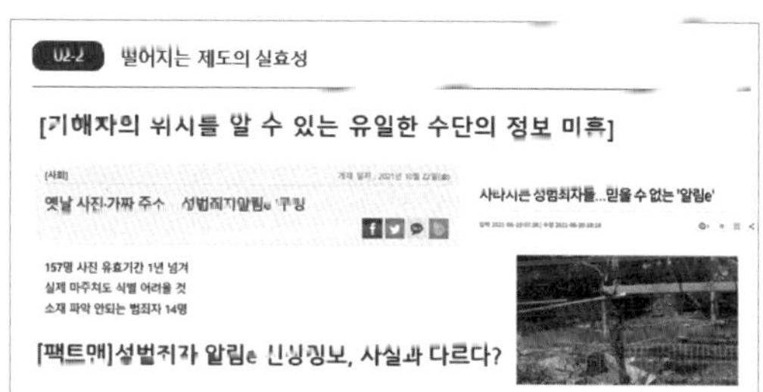

3개의 부처를 거치면서 정보의 정확성이 떨어지고 시간이 지연될 수밖에 없습니다. 시스템상 문제가 생겨도 최종적으로 책임지는 기관이 어디인지가 명확하지 않아 현행 시스템상 떠넘기기 현상이 일어나게 되는 것입니다.

전개2-해결방안 ·························3분

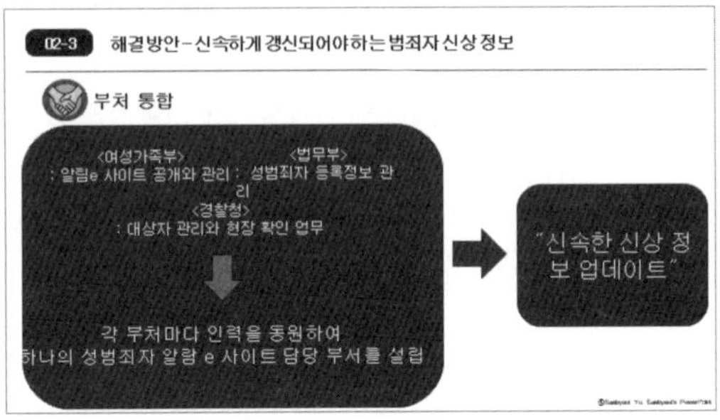

이를 해결하기 위해서 제가 생각한 해결방안은 첫째, 법무부-여성가족부-경찰청, 성범죄자 관리 업무에 대하여 3원화를 한 것을 각 부서마다 인력을 동원하여 아예 하나의 성범죄자 알람e 사이트 담당 부서를 설립해서 신속한 신상 정보 업데이트를 보장하는 것입니다

(중략)

마무리·································· 1분

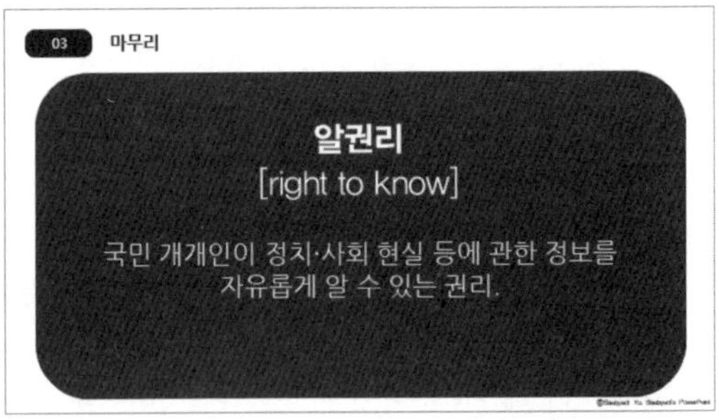

마지막으로 성범죄자 신상 공개 제도는 재범을 막는 심리적 억지력, 지역 주민들의 위험 대비 차원뿐만 아니라 성범죄 피해자 입장에서도 가해자의 위치를 알 수 있는 방법은 우리나라 제도상 알림e 사이트가 유일합니다. 실례로 조두순이 출소해서 원래 살던 집으로 돌아가자 나영이 가족이 이사해야 하는 현실은 너무나도 씁쓸하지만, 거주이전의 자유가 헌법상 보장된 권리라 제한할 수 없다면, 최소한 피해자에게 '알고 피할 수 있는 선택권' 즉, 알 권리는 확실하게 보장해줘야 한다는 생각이 듭니다. 따라서 성범죄자들의 신상 정보는 신속하게 갱신되어야 한다는 것을 한번 더 강조하며 발표를 마무리하도록 하겠습니다.

자료 출처는 다음과 같습니다.

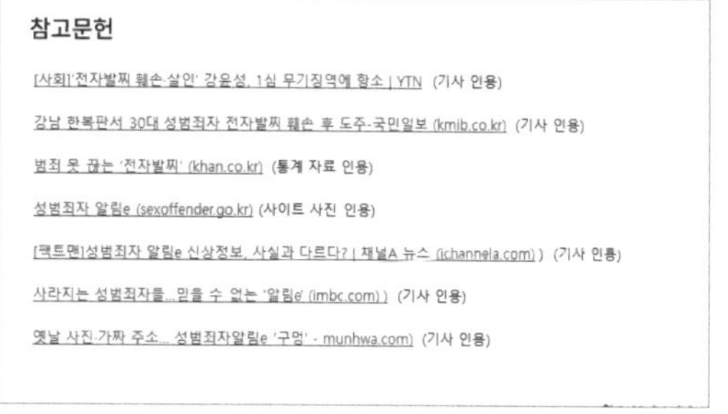

참고문헌

[사회]'전자발찌 훼손·살인' 강윤성, 1심 무기징역에 항소 | YTN (기사 인용)

강남 한복판서 30대 성범죄자 전자발찌 훼손 후 도주-국민일보 (kmib.co.kr) (기사 인용)

범죄 못 끊는 '전자발찌' (khan.co.kr) (통계 자료 인용)

성범죄자 알림e (sexoffender.go.kr) (사이트 사진 인용)

[팩트맨]성범죄자 알림e 신상정보, 사실과 다르다? | 채널A 뉴스 (ichannela.com)) (기사 인용)

사라지는 성범죄자들...믿을 수 없는 '알림e' (imbc.com)) (기사 인용)

옛날 사진·가짜 주소... 성범죄자알림e '구멍' - munhwa.com) (기사 인용)

끝인사································· 10초

부족한 발표이지만 잘 들어주셔서 감사합니다.

참고 자료

인용한 자료의 목록화

다른 사람의 글을 취하여 자기가 쓴 것처럼 하는 표절 행위는 문서 위조, 저작권 침해에 해당한다. 출처를 밝혀 인용한 부분에 주석을 달고 발표 PPT 맨 마지막 장에 참고한 자료 목록을 밝혀야 한다.

▪ 저서

주석 번호) 저자명, 번역자 혹은 편자명, 논저명, 발행판수, 발행지: 출판사명, 출간연도, 인용(참고한 부분) 면수.

1) 양형진, 『양형진의 과학으로 세상보기』, 초판, 서울: 굿모닝미디어, 2004, 235쪽.
2) 조남주, 『82년생 김지영』, 서울: 민음사, 2016.
3) 조안 C. 트론토, 김희강·나상원 역, 『돌봄 민주주의』, 박영사, 2021(2판).

▪ 논문

주석 번호) 필자명, "논문명"(또는 「논문명」), 게재지명, 권호수, 발행처, 출간연월, 인용 면수.

1) 김석, 「아버지의 위상 - 금지와 향유의 기원」, 『기호학 연구』제51집, 한국기호학회, 2017, pp.25-30.
2) 이남일 외, 「냉각 속도에 따른 Bi-2212 초전도 튜브의 균일성」, 『2006년도 하계학술대회논문집』, 7권, 한국전기전자재료학회, 2006, p. 259.
3) 이인경, 「구비 설화에 나타난 가계 계승과 혈연의식」, 『고전문학연구』제21집, 한국고전문학회, 2002, pp.25-30.

▪ 인터넷 자료

주석 번호) 필자명, 「글 제목」, 『사이트 제목』, 업로드 날짜 또는 마지막 수정일, http 주소, 검색일.

1) 스노우맨, 「이타적 유전자」, 『생각하는 사람의 서재』, 2021. 8. 21., http 주소, 2022. 8. 21. 검색.
2) 열정 없음, 「강화도 미술관」, 『적당히 해라』, 2021. 8. 2. http 주소, 2022. 10. 30. 검색.

5. 학생평가지 작성

1) 연구주제 프레젠테이션 평가 항목

(1) 주제의 명확성

발표 주제가 분명해야 한다. 분명한 주제는 명제화 될 수 있다. 양비론으로 장단점을 설명하려 하거나 청중에게 해답을 요구하는 의문형으로 주제를 던져서는 안 된다. 자신의 주장이 분명하게 드러나도록 하며 주제의 내용이 제목으로 잘 표현되어야 한다.

(2) 주장의 타당성

주장이 타당하기 위해서는 근거가 분명해야 한다. 문제의식의 원인과 문제 해결 방법에서 자기만의 문제의식으로 보편적인 다당성을 얻지 못하거나 일부 근거를 확대하여 사용하지 않아야 한다. 타당한 근거를 얻기 위해 자료 조사를 충실히 해야 하며, 자료를 인용할 때는 필요한 내용을 인용 후 주석 표기 방식에 따른다.

(3) 논지 전개의 일관성

주제가 제목, 도입, 전개, 마무리에서 일관성 있게 드러나도록 한다. 양비론에 치우쳐 자신의 입장을 놓치거나 자신의 견해와 거리가 먼 인용 자료를 버리지 못해 다른 내용이 끼어드는 경우가 있다. 예시와 자료 등이 주제를 뒷받침하도록 배치되었는지 확인해 보는 것이 좋다.

(4) 내용의 참신성

연구주제 발표에서 문제의식의 참신성, 논지 전개의 참신성, 제목의 참신성, 근거의 참신성 등 다양한 부분에서 참신함을 고려한다. 이 가운데 한 가지만이라도 참신한 인상을 줄 수 있다면 좋은 발표가 된다. 일상생활에서 혹은 우리 사회에서 일어나는 일에 문제의식을 가지지 못하면 이미 남들이 말하는 논거에 기울어질 수밖에 없다. 기존 논거에 비판의식을 가지고 근거가 타당한지, 반론은 어떤 것이 있는지 찾아보아야 한다. 이런 과정에서 자기만의 참신한 문제의식을 발견할 수 있으며, 글의 내용을 주제에 맞게 효과적으로 배치하고 자료를 재배열한다.

(5) 피피티 구성의 완결성

주제를 잘 드러낼 수 있는 프레젠테이션 디자인을 선정한다. 주제에 맞는 디자인, 내용을 효과적으로 전달할 수 있는 이미지, 글자의 모양, 크기, 색상을 선택한다. 프레젠테이션 화면의 면 분할로 중요한 정보를 드러낼 수 있도록 한다. 뛰어난 기술이나 화려한 디자인보다 단아하고 간결한 연출로 메시지 전달을 우선으로 하는 것이 필요하다.

2) 학생평가지

연구주제 프레젠테이션 학생평가지

학과:　　　　　학번:　　　　　이름:

	발표자 이름	주제의 명확성(10)	주장의 타당성(10)	논지전개의 일관성(10)	내용의 참신성(10)	피피티 구성 완결성(10)	합계(50)
1							
총평							
2							
총평							
3							
총평							
4							
총평							

소통과 설득을 위한 프레젠테이션

2023년 2월 15일 초판 1쇄 발행
2024년 3월 4일 초판 2쇄 발행

지은이 김경민, 김정호, 장만호, 한양하
펴낸이 권순기
부장 김경민
편집 이가람
디자인 이희은

펴낸곳 경상국립대학교출판부 | 출판등록 1989년 1월 7일 제16호
주소 경남 진주시 진주대로 501
전화번호 055) 772-0801(편집), 0802(디자인), 0803(도서 주문)
팩스 055) 772-0809
전자우편 gspress@gnu.ac.kr
홈페이지 http://gspress.gnu.ac.kr
페이스북 https://www.facebook.com/gnupub
블로그 https://blog.naver.com/gnupress12
인스타그램 https://www.instagram.com/gnupress

책값은 뒤표지에 있습니다.